U0806392

新时代与新格局

New Era and New Pattern

何帆　朱鹤　著

中信出版集团 · 北京

图书在版编目（CIP）数据

新时代与新格局 / 何帆，朱鹤著. -- 北京：中信出版社，2018.9

ISBN 978-7-5086-9199-2

Ⅰ. ①新… Ⅱ. ①何… ②朱… Ⅲ. ①中国经济－经济发展－研究 Ⅳ. ①F124

中国版本图书馆CIP数据核字(2018)第149186号

新时代与新格局

著　　者：何 帆　朱 鹤
出版发行：中信出版集团股份有限公司
（北京市朝阳区惠新东街甲4号富盛大厦2座　邮编　100029）
承 印 者：北京楠萍印刷有限公司

开　　本：880mm×1230mm　1/32　　印　　张：7.5　　字　　数：140千字
版　　次：2018年9月第1版　　印　　次：2018年9月第1次印刷
广告经营许可证：京朝工商广字第8087号
书　　号：ISBN 978-7-5086-9199-2
定　　价：49.00元

版权所有 · 侵权必究
如有印刷、装订问题，本公司负责调换。
服务热线：400-600-8099
投稿邮箱：author@citicpub.com

目录

第二章　中国经济如何转型

第三章　全球央行货币政策

第四章　全球经济新格局

序

何　帆

我从事宏观经济研究已经有20多年的时间了。在过去的20多年里，我经历了中国经济的重大变化，也目睹了宏观经济研究的风格转变。借本书出版之际，和读者朋友交流一下自己的心得体会。

从中国经济的变化来看，在过去20多年，中国经济经历了周期性的变化，也经历了趋势性的变化。若从大的趋势来看，从20世纪90年代到2008年全球金融危机，中国的发展主要得益于开放红利。一方面，中国凭借廉价的劳动力快速进入全球市场，充分享受了市场开放带来的需求红利，同时还通过优惠政策吸引了一大批外资持续流入。另一方面，中国在对外开放的过程中，学习到了先进的技术和先进的管理经验，中国企业的国际竞争力不断提升。在全球金融危机之后，中国经济逆风上扬，在很大程度上阻止了全球经济陷入更为艰难的困境。这个时期，中国经济开始出现新的变化。

新的变化主要体现为两点：一是大规模的基础建设投资成为稳定总需求的重要力量；二是房地产在国民经济中的地位越来越高，成为中国经济的主导产业。到了2013年之后，中国经济开始步入新时代。新时代的中国经济呈现出两方面的特征。一方面，中国经济的增长速度有所放缓，大家逐渐适应了8%以下的GDP增速。但另一方面，中国经济的规模优势开始凸显。不断涌现出的新经济和新业态，正成为中国经济增长的重要引擎。

从宏观经济研究的风格来看，也出现了较为明显的变化。传统的宏观经济研究主要集中于智库研究。中国社会科学院经济研究所一直是宏观经济研究的重镇，它有专门的宏观经济形势分析小组，其对中国宏观经济的解读受到各界的广泛关注，相关分析报告也经常发表在《经济研究》等一流学术杂志上。再之后，以北京大学中国经济研究中心为代表的高校智库，开始崭露头角。北大朗润园汇聚了一批中国宏观经济研究高手，这些前辈至今依然是中国宏观经济研究界的领军人物，如周其仁、宋国青、黄益平、卢锋等。我曾经在中国社会科学院世界经济与政治研究所工作，我们的团队由余永定老师带队。当时团队里的年轻人，现在已成为市场上知名的宏观专家，像姚枝仲、张斌、张明、徐奇渊、肖立晟等。我们团队的研究主要侧重于人民币汇率、货币政策等宏观政策领域，比较突出的风格是兼顾国内宏观和国际宏观，试图打通中国经济和世界经济研究。

2005年前后，金融机构开始成为分析中国宏观经济的重要力量。

最早的研究者来自国际知名投行，如瑞银集团的乔纳森·安德森，摩根士丹利的斯蒂芬·罗奇，渣打银行的王志浩，等等。他们的分析视角和传统的中国宏观经济研究非常不同，令人耳目一新。之后，一批在国外受过经济学训练的学者纷纷加盟国际金融机构，如彭文生、沈明高、汪涛等。与此同时，市场本土的研究力量也在崛起，影响力并不逊于国际投行的研究者，如高善文、李迅雷等。近年来，许多有丰富的政府机关工作经验的专家学者也转入市场，如伍戈、钟正生、张岸元等。他们把深厚的研究功底和在体制内的工作经验结合起来，提供了观察中国经济的一种新的角度。其实，有许多政府部门拥有强大的研究团队，央行正是其中的最佳代表，虽然他们的研究在公开渠道不太能够见到。

回顾这20年的宏观研究经历，我有几点体会想与诸君分享。当然，这些体会不一定对，仅供各位参考。

其一，宏观研究是个手艺活，不是严密的科学。要研究中国宏观经济，不仅要掌握基本的宏观经济学分析框架，还要善于把理论与中国的现实结合起来。我还记得当年在讨论“猪通胀”的时候，徐奇渊为了研究猪肉价格波动，曾经深入一线，直接去调研养猪场，给我们讲了很多养猪秘诀。调研有助于增加我们对宏观经济的直观感受，这已经成了我们团队的惯例。例如，为了研究人民币国际化问题，我们专门组织团队去香港、新加坡、伦敦等地调研，通过拜访当地的监管部门和金融机构，掌握了关于人民币国际化的一手材料和最新进展。

其二，宏观研究需要同时结合发展经济学、政治经济学等其他学科。中国的经济结构变化太快，各个部门之间的关系非常不稳定，因此不能完全按照传统的宏观经济框架，也不能完全借助计量方法来研究数据间的关系。这就需要我们了解更多的学科门类，把这些学科的研究成果应用在宏观经济分析上。例如，产业结构转型对中国经济的影响很大，这时候就必须结合发展经济学的框架，从产业结构变迁的角度考察中国的潜在增长率变化和各部门之间的关系。再如，中国有纷繁复杂的经济政策，政府出台这些经济政策的目的、选择的政策工具、预期的政策效果，都会对宏观经济产生直接影响。

其三，宏观研究热点问题做得太多，专题问题研究不够。对于市场而言，关注热点问题、做出及时分析至关重要，但对于宏观经济的学者而言却未必如此。我经常跟学生说，研究宏观就是培养自己对趋势和周期的感觉。与趋势和周期相比，热点问题就像潮汐中卷起的巨大浪花。要研究好趋势和周期，就必须对重点问题进行长期深入的专题研究。当然，我不是说热点问题没必要研究，而是说宏观研究要分清主次。真正好的热点研究，背后一定有着非常扎实的专题研究支撑。

最后，宏观经济研究开始出现了团队化的趋势。无论是金融机构，还是政府智库，我们能明显感受到一点，那就是宏观研究团队越来越大了，甚至有很多基金公司的宏观研究团队规模，已经超过一些中小券商的宏观团队规模。宏观研究团队化之后，最大的好处是团队内部可以有比较明确的分工，每个人可以相对专注地研究固定的领域，而且不同领域的研究者可以更方便地讨论交流。团队化的另一个好处是有助于把宏观研究这门手艺传承下去，而且也只有把手艺传承下去了，团队才可以持续存在。换言之，一个人走江湖的时代已经结束了。

本书是我们宏观研究团队的成果汇报。我们的风格是做专题，出一个系列，试图把一个问题研究得更为透彻。我们关注的不仅是宏观经济形势或政策的变化，而且是深层次的影响因素。我们有意识地培养团队，从一开始就带着学生尝试写作。我对所有的学生提出了一个看上去简单的要求，那就是“用简单的白话文把一件小事说清楚”。但实际情况是，这个要求并不简单。我们会引导学生多看数据，多思考怎么用一张图把关键事实呈现出来，同时要关注每个数据背后的故事。除了研究本身，我们也非常重视训练他们的组织能力和团队合作能力。当你成为一名研究组织者之后，你看到的就不只是研究内容和技术本身，而是整个研究的全貌，这其中包括如何组织研究、如何规划时间等等。我们特意把所有参加过团队研究的成员名单放在本书的附录，一是感谢他们为团队做出的贡献，二是激励他们做出更大的贡献，希望长江后浪推前浪，年轻一代能超越我们这一代的研究水平。

本书收录了过去两年我们团队的一些具有代表性的研究。这些研究共分为四个主题，分别是：新周期之辩、中国经济如何转型、全球央行货币政策、全球经济新格局。这些研究中包括一些时效性较强的研究，为此我们专门增加了注释，说明我们对事情最新进展的看法。总的来看，许多看上去时效性较强的研究并没有过时，我们的分析逻辑对于当下的情形依然适用。还有一些研究跟当下有关，相关话题至今仍在持续，如去杠杆等。关于这些问题的分析和探讨，有待未来随着事情的进展加以验证。

当然，本书的研究还有很多不足之处。未来，我们还会在宏观研究领域继续努力，争取从更多、更新的视角拓宽对中国和全球经济的认识，希望大家继续关注我们团队的最新研究。

第一章

新周期之辩

中国经济的新周期到来了吗[①]

2017年中国经济开局良好。第一季度GDP（国内生产总值）增长6.9%，规模以上工业企业利润同比增长28.3%，为2011年以来最快增速。这引发了经济学界的争论，一种较有代表性的观点认为，中国经济已经从“新常态”转入了“新周期”，可能会进入一轮较为强劲的经济复苏期。我们认为，得出这种判断可能为时尚早。首先，导致部分企业利润增加的主要因素并非需求回升，而企业在利润增加之后未必会相应地增加投资。再进一步讲，即使企业有意愿增加投资，在现有的货币和信贷政策条件下也未必能得到支持。其次，其他因素，如政府投资、消费和净出口等亦无法有效地拉动中国经济增长。中国经济增长仍然存在下行压力，如果政府希望维持较高的经济增长速度，要么采取传统的“强刺激”，要么及早推出“强改革”。

① 本文写作于2017年6月。如无特殊说明，本章图表所使用数据均来自北大汇丰海上丝路研究院，Wind数据库。

虽然2017年以来企业利润有了回升，但不是所有的企业雨露均沾。如果观察各类企业的表现，可以大致发现以下特点：其一，大中型企业利润回暖较快，同比增速快于工业企业整体增速。2017年1—4月，大中型企业累计利润同比增速为31.7%，比整体工业企业利润增速高出了7.3个百分点，同时，在工业企业总利润中的占比已经达到66%，基本上主导了工业企业的总利润水平。其二，国有企业扭亏为盈，是企业利润整体回暖的关键因素。2017年1—3月，国有企业利润同比增长70.5%，远远高于其他类型企业（集体企业7.6%，股份制企业30.2%，外商企业24.3%，私营企业15.9%）。其三，上中游行业盈利回暖的情况远好于下游行业。2017年1—3月，上游行业利润达1 228亿元，较2016年同期亏损54亿元；中游行业利润达到8 040亿元，同比增长36%，其中黑色加工、有色加工、化纤等行业盈利改善最大。相比之下，下游行业利润同比增长仅为2.9%。

为什么大中型、上中游国有企业的利润增长速度最快呢？一个重要的原因是，行政化去产能政策急速推进，导致原材料价格大幅上涨。这在煤炭、钢铁、化工和有色等行业表现得尤为突出。2015年年底至今，煤炭和钢铁产品价格出现明显回升。目前5 500大卡的动力煤价格基本稳定在了600元/吨左右，相比2015年年底的价格每吨增加了230元，增幅超过60%；螺纹钢的价格在3 500元/吨上下波动，比2015年年底的价格几乎增加了一倍。2017年1—4

月，煤炭开采与洗选业的累计利润比2016年同期增加了100倍。同时，黑色金属冶炼及压延工业的利润同比增幅达141.5%，远高于其他行业。

反观纺织、橡胶、食品加工等下游行业的利润增长则较为温和，市场需求整体偏弱。2017年1—4月，纺织、橡胶和食品加工业的累计利润同比增速分别为5.3%、5.4%和8.4%，大大低于同期工业企业整体的累计利润同比增速（24.4%）。如此看来，这次利润回暖其实是利润在不同行业间的再分配。更令人担忧的是，这可能导致下游行业的利润受到进一步的侵蚀。如果上游行业是由于价格上涨而出现的利润回升，那么，这一价格上涨因素很难完全传导到下游行业。我们已经看到，PPI（生产价格指数）从2016年年中开始快速回升，而CPI（居民消费价格指数）则始终按兵不动，于是，大部分价格上涨都转化为下游行业的成本上涨。纺织、金属制品、橡胶、食品等行业的PPRIM（工业生产购进价格指数）的增速快于PPI，这其中的缺口部分就是由成本上升导致的利润损失。

恰恰是那些利润增长速度最快的企业，其投资意愿反而最弱。从历史数据来看，工业企业利润增长并不必然带来投资的增长，二者在2016年以来出现了背离的趋势：在盈利不断回暖的情况下，实际投资的同比数据却在一路下滑。当然，在一般情况下，如果企业盈利改善，那么会在一定程度上促进企业的投资——如果我们观察除煤炭、钢铁、有色金属、化工等之外的其他制造行业，确实能够发现盈利和投资之间的正相关关系。然而，上述这几个行业的盈利却对投资几乎没有影响。我们认为，这种现象背后的原因是，近期利润增幅较快的行业在前期亏损幅度也较大，因此当企业盈利增加后，这些企业首先想做的是用利润弥补以前的亏损，减少债务负担，尽快修复资产负债表，而非贸然地增加投资。这和日本在20世纪90年代进入经济衰退时期的企业行为有异曲同工之处。

退一步讲，即使盈利增长较快的企业有意愿增加投资，在目前偏紧的信贷环境中也会受到极大的制约。企业的固定资产投资需要资金支持，而外部贷款是资金的重要来源之一。从历史经验来看，较为宽松的信贷政策刺激了较为强劲的投资增长，但由于目前国内金融市场去杠杆正处于攻坚阶段，所以短期内看不到货币政策重返宽松的迹象。近几年，中国非金融企业的杠杆率已经达到全球第一，2015年非金融企业债务占GDP的比例为131%，远超过90%的国际警戒线。为了防范系统性金融风险，国内金融监管部门采取了一系列措施加强监管，央行的货币政策也相应收紧。2017年第一季度金融机构超额准备金率为1.3%，为历史第二低位。2017年以来，各项利率明显上升，表明央行有意引导利率上行。在这种背景下，企业获得资金的难度和成本都随之加大。因此，企业扩大投资这件事，是既不可为，又不能为。

假如企业投资增长乏力，那么政府投资、消费或净出口能否拉动中国经济增长呢?

从政府投资情况来看，2016 年基建投资增速较快。这一方面是因为 2015 年的基建投资基数较低。地方政府到期债务在 2015 年下半年集中爆发，同时债务置换进度不如预期，导致地方政府财政捉襟见肘。2016 年地方财政有所缓解，基建投资才开始发力。另一方面是 2015 年签约的PPP（公私合营模式）项目到了 2016 年集中落地，导致政府投资上扬。由于 2016 年的基建投资基数较高，而PPP的优质项目已经大体告罄（前期落地项目中超过半数为优质项目，目前尚处于识别阶段的项目中九成以上为非优质项目），再加上财政部出台多份文件规范地方政府融资和支出的行为，银监会也要求防控地方债务风险，所以基建投资的“大跃进”很难出现。

从消费情况来看，2011 年以来，社会消费品零售总额的同比增速呈现出平稳下降的趋势。2016 年受到购置税优惠政策的影响，汽车销售同比增速高达 15.9%，拉动了当年的消费增长，但优惠政策透支了未来几年的汽车消费，导致 2017 年前 4 个月汽车累计销售同比增速已经降为 –1.4%。在居民收入没有明显改善、没有出现新的消费热点之前，预计消费只会保持增速平稳下滑的趋势。

从外需情况来看，外部需求回升的基础并不稳定，净出口对GDP增长的拉动效应不大。尽管 2017 年第一季度进出口数据较好，但 4 月份的海关数据显示，我国进出口增速大幅度下滑，低于先前的市场预期。与此同时，美国经济增速已经接近潜在增速，特朗普的财政刺激政策前景并不明朗，欧洲和日本等主要经济体经济增长乏力——外部需求进一步提升的空间有限。

综上所述，我们认为，当前企业盈利的回暖不可持续，更不会因此带来企业投资的快速增长。所谓的“空中加油”，即库存周期（短周期）见顶下行之际，如果遇上产能周期（中周期）见底回升，可能会出现“无油可加”的窘迫局面。也就是说，中国经济的“新常态”并未出现根本的改变，下行压力依然存在，因此可能出现“前高后低”的格局。如果政府希望将经济增速继续保持在 6.5% 的较高目标，那么，一种选择就是在经济下滑之后，再次启动传统的“强刺激”政策，通过宽松的财政和货币政策，刺激地方政府和企业的投资。但这一“强刺激”政策的副作用已经多次显现，而且一次比一次强烈，所以应慎用这种“兴奋剂”。另一种选择则是及时推出“强改革”措施：启动国有企业改革；开放能够切实改善民生、提升人民“获得感”的服务业，如医疗、教育、养老、通信等；以更为市场化的方式推进城市化和环境保护；实行更高水平的对外开放；等等。这些改革措施将释放出强烈的信号，从根本上提振市场信心。没有比当下更为合适的改革时机了。观众已经入席，大幕缓缓拉开，全场肃穆庄严，只等节目开演。

五问“新周期”之一：主动补库结束后，谁来填补需求缺口[①]

短期经济波动的驱动力：库存周期

库存周期，也叫作基钦周期，是指由企业的产品库存管理导致的短期宏观经济周期性波动。微观上，存货是连接企业生产与市场需求之间的缓冲带；宏观上，存货是连接生产侧和需求侧经济增长形势的平衡项。一个完成的库存周期包括四个阶段：被动去库存、主动补库存、被动补库存和主动去库存。上述四个阶段周而复始，形成经济的短周期波动。

表 1-2-1　库存周期的四个阶段及其各自的经济特征

周期位置	需求	库存	经济形势
被动去库存	上升	下降	经济边际转暖，企业库存随销售增加而被动下降
主动补库存	上升	上升	经济边际转暖，企业预期积极，主动补充库存
被动补库存	下降	上升	经济边际变差，企业销售下滑导致库存被动增加
主动去库存	下降	下降	经济明显变差，企业预期消极，主动削减库存

① 本文写作于 2017 年 5 月。

其中，在企业主动补库存阶段，库存投资会形成新的需求，短期内会形成经济上行的惯性推力。因此，一旦观察到企业主动补库存，则表明总需求在短期内会获得惯性推力。企业主动补库存的核心驱动因素是盈利修复，这可能来自企业产品价格上涨，也可能是市场需求改善，或者两者兼而有之。主动补库存的强度和持续时间主要由需求端决定。在经济上行期，“量价齐升”催生库存强周期；在经济弱需求的条件下，价格上涨也可以带动企业补库，但持续性相对较弱。但企业主动补库存的行为不能永远持续，一旦真实需求的增速慢于开工扩产的增速，产品端就变成供大于求，滞销产品成为企业库存——企业进入被动补库存阶段。这时，因企业主动补库存所导致的需求消失，总需求出现缺口，经济将面临下行压力。

具体到中国的实际情况，我们以每轮库存周期的波峰为起点，可以发现自1998年以来，中国经历了五轮完整的库存周期，平均库存周期为40个月，目前正处于第六轮库存周期。前五个完整的库货周期分别为1998年2月至2001年6月的41个月，2001年7月至2004年12月的41个月，2004年12月至2008年7月的44个月，2008年7月至2011年9月的38个月，以及2011年9月至2014年10月的37个月。

先行指标预示当前企业已经处于主动补库存末期。近年数据显示，产成品库存数据和PPI当月同比保持着较为显著的同步性，且PPI领先产成品库存数据，因此PPI可作为判断存货投资周期变化的先行指标。这表明价格变化是企业调整库存的重要因素。PPI同比增速在2011年下半年之后一路下行，经历了连续54个月的负增长，于2016年开始快速回升，并于2016年9月由负转正。随着PPI同比增速快速回升，工业企业经历了一轮显著的被动去库存阶段，并于2016年第三季度进入主动补库阶段，一直持续到2017年4月。2017年2月，PPI当月同比增速达到阶段性高点（7.8%），随后在3月和4月连续下降。如果历史的经验依然有效，那么可以比较有把握地判断当前企业已经接近主动补库存阶段的末期，同时不排除部分企业可能已经进入被动补库存阶段。

本轮主动补库存的逻辑：供给侧改革＋需求侧刺激

如前所述，本轮去库存周期始于2014年8月。结合PPI同比数据可以判断，在2016年第一、第二季度，企业经历了一轮显著的被动去库存，并于2016年第三季度开始进入主动补库存阶段，至今已经接近四个季度。

供给侧改革导致原材料供给收缩和价格上涨，中上游企业盈利修复并增加库存。从驱动力来看，在供给端，本轮库存周期最初由中上游产业链盈利修复启动，而供给侧改革下原材料涨价是中上游产业链率先补库的驱动逻辑，带动了存货价格的重估。随着大宗商品价格指数的攀升，工业企业产成品库存同比随后呈现相同的上升趋势。

在需求端，房地产投资扩张、地方政府加码基建投资、汽车行业的景气与外需的持续修复等因素叠加，共同推动总需求增加并促使企业增加库存。

房地产投资方面，房地产市场自2016年以来形成较强补库需求，并将补库需求传导至中下游相关行业。受商品房销售量快速上涨的影响，房价累积同比从2015年年底的1%增长至2016年12月的6.9%；商品房销售面积累积同比从2015年年底的6.5%提升至2016年上半年的36.5%；房地产开发新增固定资产累积同比从2015年年底的–0.2%最高提升至2016年2月的18.1%。房地产市场的回暖，对上中下游的相关行业收入有不同程度的改善作用——不仅可以刺激上游的钢铁、煤炭、水泥建材、机械、有色金属等行业回暖，同时还可以刺激下游的家电、汽车、木业家具、装修装饰、安防设备等行业回暖，提高行业企业利润，消化企业库存，提高企业补库存需求。

以汽车行业为例，这个时期的需求刺激还叠加了汽车行业的政策景气和外需间歇性回暖。2016年，受“购买1.6升及以下排量乘用车减半征收车辆购置税”的政策刺激，小排量轿车的市场需求快速增加。2016年，汽车产2811.88万辆，销2802.82万辆，分别同比增长14.46%和13.65%，增幅分别比2015年提升了11.21%和8.97%，成为全年表现最突出的行业。

基础设施建设方面，很大程度上源于地方政府PPP项目落地率上升，以及金融机构的信贷支撑。自2016年下半年开始，地方政府PPP项目落地率持续上升，于2017年3月达到34.5%。同时，从资金支持来看，2016年政策性金融债净融资额1.46万亿元，同比增长37%；新增PSL（抵押补充贷款）0.98万亿元，同比增长39%。“准财政”变相放宽财政赤字，对本轮地方基建投资拉动较强。

出口方面，随着全球经济的逐步复苏，出口链也获得持续修复。PMI新出口订单指数、出口金额当月同比均呈上升趋势，并于2017年3月创出新高。其中，PMI（采购经理人指数）新出口订单指数由2016年年初的47持续向上修复至2016年年底的50，在2017年3月达到51的新高水平后，在4月降至50.6；出口金额同比增速在年内修复了13.4个百分点，在3月达到了16.9%。

从出口端来看，出口表现强劲一方面与全球需求的回暖有关——2017年上半年主要发达经济体PMI整体出现改善趋势。摩根大通全球制造业PMI连续5个月上涨，新订单指数大幅走强，指向全球制造业生产、需求正出现持续回暖迹象。以美国为代表的发达经济体复苏，在一定程度上带动了外需的改善。另一方面也与2015年下半年至2017年上半年人民币有效汇率的显著贬值有关。汇率贬值对出口竞争优势的修复在2016年已经有所体现，出口经理人和出口信心等出口指数出现明显回升。全球范围内的领先指标的趋势性改善，将有助于外需在较长一段时间内保持修复，并将持续利好出口。

从进口端来看，进口表现强劲一方面与中国内需回暖有关，另一方面也与全球大宗商品价格由 2012 年至 2015 年的持续下行转为 2016 年的显著反弹有关。

分行业来看，受益于过剩产能去化和价格上涨因素，上游企业盈利情况明显好于中下游。2016 年，加工冶炼业利润增速较 2015 年大幅提升 25.4 个百分点，明显好于设备制造业（上涨了 3.4 个百分点）和消费制造业（下降了 2.7 个百分点），上中下游行业的利润和库存率先实现盈利显著改善。上游石油、天然气等行业已经实现库存回补，而供给侧改革过程中受益最大的煤炭行业，在供给收缩情况下，由涨价带来了营收大幅增长，但产成品存货同比仍处于低位，未来存在主动补库存的空间。中游设备制造业补库行为较以往周期明显滞后，下游消费制造业补库滞后且力度较弱。更为重要的是，对大多数行业而言，产成品价格涨幅有限，营收增速也没有出现较大幅度改善，过去几个月产成品存货同比增速相对稳定，未来开启大规模主动补库存的可能性不大。

库存投资需求消失后的需求缺口探索

从国民收入核算的角度出发，GDP=C+I+G+EX–IM，其中“C”是消费，“I”是投资(又可分为存货投资 I_1 和设备投资 I_2)，“G”是政府支出，“EX–IM”是净出口。进一步来说，有$\Delta GDP=\Delta C+\Delta I_1+\Delta I_2+\Delta G+\Delta(EX-IM)$。ΔGDP决定了GDP的增速，因此我们将逐项分析这些构成项目的二阶变化趋势，即通过探究ΔC、ΔI_1、ΔI_2、ΔG、$\Delta(EX-IM)$的未来走势，探究如何补上库存投资需求消失后的需求缺口。

库存投资方面，本轮库存投资带来的经济复苏无法从根本上实现终端需求的持续扩张。在一个上行的经济周期里，经济增长通过“PPI上行—加库存—利润改善—民间投资上升”等渠道，最终体现为经济的整体繁荣。而在本轮周期里，PPI与CPI剪刀差的扩大，以及CPI内部食品与非食品的反常结构，体现了上游行业的热潮并没有传递为下游行业需求增长。上游行业利润增长实际上是基于价格上涨而非成本降低、效率改善或者技术进步。此时，上游行业利润的增长改善了表面数据，本质上则是利润在不同行业与不同所有制企业中的再分配，中下游行业利润未能如历次库存周期那样呈现迭次改善的状况。这事实上进一步压制了制造业、私企的利润预期与投资动力，最终无法拉动终端需求的提升。

消费方面，社会终端需求扩张速度依然在平稳下行，部分行业，如汽车行业已经进入被动补库存阶段。2011年以来，社会零售总额同比增速呈现出平稳下降趋势。2016年，受汽车行业拉动，社会消费品零售总额同比增速与2015年基本持平。当年汽车销售同比增速高达15.9%，相对于2015年的8.5%几乎翻倍。但是，优惠政策部分透支了未来几年的汽车消费，随着购置税优惠政策收紧，汽车终端需求边际变弱几成定局。2017年前4个月，汽车累计销售同比增速为–1.4%，这直接导致汽车行业产成品存货同比增速被动上升，出现被动补库存迹象。综合来看，汽车购置潮已经趋于平缓，国内消费需求增速将延续平稳下降的趋势。

政府支出方面，受高基数、融资成本等因素限制，基础设施建设增速难以延续。2016年基建之所以能发力，一个因素是2015年融资压力大导致当年基数偏低。地方政府到期债务在2015年下半年集中爆发，地方政府面临较大的还本付息压力，同时债务置换进度不如预期，导致地方政府没有足够的财政资金去支持基建投资。2016年，政府债券置换持续推进，地方政府财政资金得到补充，融资压力缓解。另一个因素是2015年签约的PPP项目到了2016年开始集中落地，且高质量的PPP项目落地率较高。下一阶段，2016年基建投资的高基数、2017年优质PPP项目落地增速下降、融资渠道受限，都将限制基建发力。其中，PPP项目发起投资额已于2016年1月达到顶峰，其滞后效应将使得落地投资额或在2017年第一季度后呈现下滑趋势。从存量落地PPP项目来看，前期落地项目中，超过半数为优质项目，而2017年上半年尚处于识别阶段的项目中九成以上都是非优质项目，其推进落地的难度明显增大。此外，财政部出台多份文件规范地方政府融资和支出，并发函核查地方政府违规举债行为，银监会也要求地方防控债务风险。

值得一提的是，2017 年第一季度的挖掘机销售数据大幅好转，有观点认为这是基建持续发力的佐证。春节期间往往是工程项目开工的淡季，所以挖掘机销售快速回暖引发了市场关于基建超预期发力的推测。但这种推测并不等于现实。一方面，本次销售以存量更新为主，新增边际需求并不高。本轮挖掘机销售高峰与上一次高峰间隔 6 年，符合挖掘机自身 6~8 年更新换代的寿命周期。根据工程机械工业协会的数据，2017 年年初增加的销量中约有 70% 为存量更新需求。另一方面，从挖掘机销售的细分类型来看，2017 年以来，小型挖掘机贡献了此轮大部分的销量，而小型挖掘机与基建、房地产等领域的相关性并不大。刨除机器更新换代因素，绝对销量并未超出预期，且并非主要用于基建，因此基建持续发力势头有限。

外需方面，促使进出口增速回升的因素逐渐消失，且净出口对 GDP 同比增速的拉动效应并不大。2017 年第一季度的进出口数据走势亮眼，但 4 月份的海关数据显示进出口增速同比大幅下降，并低于先前的市场预期。2017 年第一季度进出口数据亮眼的主要原因是受 2016 年进出口基数低、上游企业补库存及大宗商品市场繁荣这三重因素的影响。2017 年以来，大宗商品价格有所回落，PMI 及新订单和新出口订单等先行指标在 4 月均有所回落，这表明外需回升的基础并不稳固。此外，进出口数据的改善部分得益于周边国家和发达国家从 2016 年第四季度开始的周期性回暖。随着美国方面的需求增速接近潜在增速，外加特朗普财政刺激计划变数增加，外需进一步提升的空间有限。再加上净出口对GDP同比增速的拉动效应并不大，在第一季度大幅回升的背景下，净出口对GDP累计同比增速的贡献率仅为4.2%，根本无法与投资和消费的拉动效应相比。因此，从二阶效应的角度来说，净出口无法弥补库存投资的需求缺口。

综上可知，企业主动补库存阶段即将结束，而由此造成的增量需求缺口，无论是消费、政府支出，还是净出口都难以弥补。有一种观点认为，随着企业盈利回暖，企业设备投资需求会增加，可以弥补库存需求缺失造成的需求缺口——这就是所谓的“空中加油”观点，即库存周期（短周期）见顶下行之际遇上产能周期（中周期）见底回升。因此，中国经济能否完成“空中加油”，取决于是否能够看到强劲且持续的企业设备投资需求增加，或者说新一轮的产能扩张。在讨论这个问题之前，我们首先要追问，当前阶段企业盈利回暖的原因究竟为何？是短期反弹还是长期反转？如果这种盈利增加只是初冬时节的一抹暖阳，那就意味着漫漫寒冬仍将继续，春天虽不远，亦不在眼前。

五问“新周期”之二：企业利润回暖的原因究竟为何[①]

企业利润回暖结构性特征显著

2017 年以来工业企业利润明显回暖，且结构性特征显著。根据国家统计局发布的数据，2017 年 1—3 月，全国规模以上工业企业实现利润总额 17 043 亿元，同比增长 28.3%。同期，工业增加值同比增速由 6.3% 提高至 7.6%，PMI 生产指数也由 53.7% 提高至 54.2%，这表明企业总体效益情况持续得到改善。从结构来看，工业企业的规模、所有制以及行业分类都表现出特征性的利润增长。接下来本文将从这三个维度分析企业利润增长的结构性特征。

规模层面，大中型企业利润回暖幅度较大，盈利占比继续增加。增速方面，2016 年年初至今，大中型企业利润的同比增速快于工业企业整体增速——大中型企业对整体工业企业利润的增长起到了正向拉动作用。这一点与 2015 年呈鲜明对比，当时大中型企业利润的同比增速快速下降，对整体工业企业利润产生了明显拖累作

① 本文写作于 2017 年 6 月。

用。

受益于利润的快速增长，近一年来大中型企业利润占比稳步上升。截至 2017 年 3 月，大中型企业占比达到 66%，且仍有上升趋势，大中型企业利润的走向基本引导了工业企业的总利润水平。比较利润总额同比数据，大中型企业和整体工业企业的总利润累计同比的增长曲线呈趋同态势——2017 年以来，两条曲线都是在大幅增长之后出现小幅下滑趋势。据此可以看出，2017 年年初至今，工业企业利润回暖主要得益于大中型企业利润的快速增长。

所有制层面，国有及国有控股工业企业扭亏为盈是整体工业企业利润回暖的关键因素。2017 年以来，企业利润回暖在国企、外企、私企等不同类型的企业中都有所体现。其中，国有企业改善幅度最大，2017 年 1—3 月工业企业利润累计同比增长 70.5%，大大高于其他类型企业（集体工业企业 7.6%、股份制工业企业 30.2%、外商及港澳台商工业企业 24.3%、私营工业企业 15.9%）。综合历史数据来看，国有企业的利润波动很大。其中，2015 年国有企业大幅亏损，严重影响了整体工业企业利润的增长。

行业层面，上中游行业盈利回暖幅度远好于下游行业，是工业企业利润回升的核心原因。2017 年年初至今，上游行业扭亏为盈，其中，1—3 月上游行业利润达到 1 228 亿元，而去年同期亏损 54 亿元；中游行业整体盈利情况有明显改善，利润达 8 040 亿元，同比增长 36%，其中，黑色加工、有色加工、化纤等行业盈利改善幅度最大；下游行业利润增幅较小，同比增长 2.9%。

2016 年下半年，上游行业当月利润同比增量转负为正，中游行业当月利润同比增量快速增长，成为拉动整体工业企业利润回升的重要力量。2017 年年初至今，上游行业利润大幅增长是拉动整体工业企业利润回升的主因。反观下游行业，2015 年至 2017 年年初，其当月利润同比增量一直保持稳定。

上中游行业利润回升的主因是价格效应，缺乏可持续性

究竟是什么原因导致 2016 年至今上中游行业的利润出现显著回升呢？

假如行业利润回升的原因是需求增加，那么行业对应的产品产量同比增速应该和利润同比增速相匹配。否则，如果出现利润同比增速远高于产品产量同比增速的情况，那就意味着当前的利润回升并不是由需求增加带来的，而是由产品价格增加带来的。我们把这种情况称为“量价背离”[①]，即行业实际产品的产量同比增速远小于行业累计利润的同比增幅。

结合不同行业利润与产量增速的数据，我们发现上游行业的

① 量价背离一般用于对资产价格的技术分析，指的是资产价格大幅上升，但成交量却保持低迷的情况。这种情况下，价格上涨由于缺乏成交量的支持，预示市场大部分投资者并不认可当前价位，因此这种价格上涨不具有持续性。

“量价背离”现象十分明显，集中体现在煤炭行业和黑色金属行业。在供给侧结构改革的推动下，这些行业经历了大规模的产量控制。在需求基本稳定的情况下，供给侧快速收缩导致供需缺口出现并大幅推升原材料价格，上游企业的短期利润率因此快速提高。

中下游行业中，凡是涉及供给侧结构性改革的行业，即前期产能过剩比较严重的行业，如钢铁、化工和有色等行业亦表现出明显的“量价背离”。这一点与上游行业的表现高度一致。不涉及供给侧改革的中游行业，以及绝大部分下游行业，如纺织、橡胶、汽车、食品等行业，则没有表现出明显的“量价背离”。其中，纺织和橡胶行业的产量和利润同比增速呈现较为温和上涨趋势。下游行业中，汽车行业的销售和利润在这一时期的同比增速增长较快，这主要得益于政策红利的释放。进入2017年后，汽车销量同比增速已经表现出下行态势，预计累计利润同比增速也将进入下行阶段。与此同时，食品制造业的利润同比增速则是一直在下降，终端需求整体偏弱。在这种情况下，食品制造业的部分子行业的产量同比数据还在不断增加，可以预见未来食品行业盈利状况改善的难度会进一步加大。

经上述分析可知，上游行业及部分中游行业利润大幅回暖的主要原因是价格效应，而促使价格上升的主因是供给端减少（供给侧改革）造成供需缺口。2016年，推动供给侧改革主要依靠行政力量，而依靠行政力量去产能的模式很难持续。能保持当前的行政力量已经比较困难，更不必说继续加强行政力量的作用。一旦供给侧改革的力度不再继续加大，供需缺口就会持续存在，价格就会失去持续上涨的动力，这种因价格上涨而带来的利润快速回暖也会随之停止。不仅如此，产品价格上升会激励相关企业增加产量，供需缺口亦会随之减小，短期供不应求的局面甚至会变为供大于求。因此，在整体需求没有显著改善的情况下，这种价格效应带来的利润回暖只是短期现象，不具有可持续性。

上中游行业价格未能向下传导，进而对下游行业利润形成了“挤压效应”

当前企业利润回暖不可持续只是问题的一方面，另一方面且更严重的是，上游行业和部分中游行业的利润回暖会对其他下游行业利润形成“挤压效应”。换句话说，这种利润回暖本质上就是利润在不同行业间的再分配。

一个来自宏观层面的证据是2016年年中至今，PPI与CPI的走势明显背离。在2003—2004年和2009—2010年这两个经济上行阶段，PPI都带动了CPI的同步上行，而本次PPI快速上涨的同时，CPI却没有同步回升。这表明本次PPI带动的产品价格上涨没能在终端产品价格上反映出来，因此大部分价格上涨都化为成本上涨。

进一步来看，2012年至今下游工业企业的利润同比增速始终处于下行区间。2017 年 1—2 月，下游行业利润同比增加仅 127 亿元，同比增幅仅为 2.8%，较 2016 年 3.6%的同比增速继续下降 0.8 %，创 2012 年以来历史新低。由于终端需求并未明显增加，且下游企业竞争较为激烈，上中游产品价格的上涨直接带来中下游企业的成本上升。然而，中下游企业很难通过其产品的涨价将这种成本转嫁出去，结果就是上游企业盈利对中下游企业盈利形成了“挤压”而不是“传导”效应。特别是属于供给侧改革重点领域的下游行业，利润“挤压效应”更是明显。纺织、金属制品、橡胶、食品等行业，相比于PPI，这些行业的PPRIM增加更快，缺口部分就是因成本增加导致的利润损失。

至此，我们给出了第二问的答案：2016 年年中至今，企业利润回暖的主体是大中型、国有、上中游企业，而下游企业的利润并没有显著改善，所以本轮企业利润回暖的主要原因是价格效应而非需求改善，本质上是利润在不同行业间的再分配，不具有可持续性。

可无论怎样，企业盈利显著回暖是事实，况且，有的企业还赚了不少钱。按道理说，企业盈利增加肯定有助于增加设备投资，我们接下来要问的是：在当前的情况下，企业利润回暖必然会导致企业投资增加吗？

五问“新周期”之三：企业利润回暖必然会导致企业投资增加吗[①]

本轮企业利润回暖并不必然导致企业投资增加

前文中我们对本轮企业利润回暖的特征和原因进行了分析，最后，我们提出了一个问题：企业利润回暖必然会导致企业投资的增加吗？从历史数据来看，答案并不确定。如图 1–3–1 所示，工业企业利润总额并没有表现出领先固定资产投资完成额的特征，甚至还呈现出一定的滞后性。2016 年以来，利润指标和投资指标更是表现

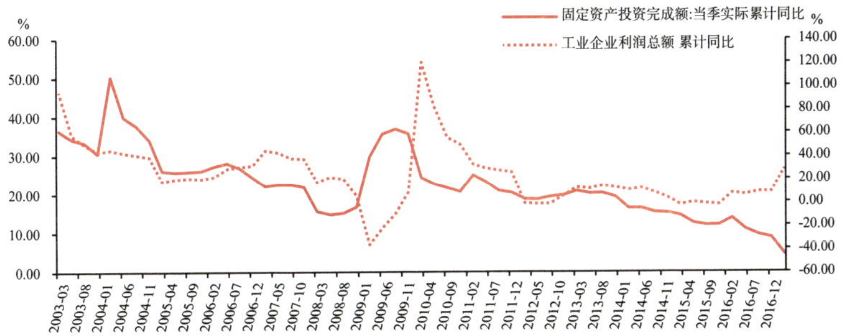

图 1–4–1 工业企业利润与固定资产投资完成额走势图

---

① 本文写作于 2017 年 6 月。

出了背离的趋势：在盈利一路回暖的情况下，实际投资同比数据竟一路下滑！因此，从总量层面来看，历史数据不支持利润对投资的先行关系。

囿于盈利和投资数据的可得性，我们继续利用制造业子行业的数据对上述结论进行验证。如图 1–4–2 所示，2016 年制造业子行业的累计利润同比增速与 2017 年 1—4 月的累计固定资产投资同比呈现出一定的正相关性，但相关性较弱。可以看出，大部分点落到了第一和第三象限，我们有理由认为制造业企业盈利改善会在一定程度上促使企业增加投资。

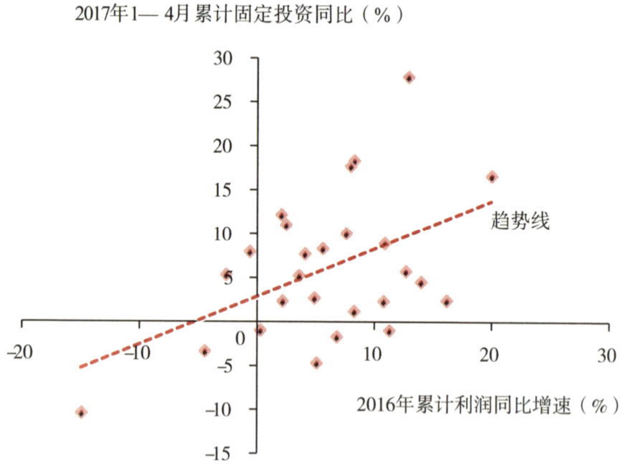

图 1–4–2　剔除异常值后的累计利润同比增速和投资关系

此处要说明的是，图 1–4–2 剔除了制造业中的三个子行业，分别为石油加工、炼焦及核燃料加工业（石油行业）、黑色金属冶炼及压延加工业（钢铁行业）和有色金属冶炼及压延加工业（有色金属行业）。剔除的原因在于，这三个子行业在2016年的累计利润同比过高，属于异常值，因此在分析时予以剔除。其中，石油行业和钢铁行业在2016年的累计利润同比增速分别达到164.9%和232%，但是其在2017年1—4月的累计投资同比却为5.5%和–12.4%，完全与行业整体的正相关关系不符合。如果加入这三个子行业，恐怕目前表现出的正相关性就会消失（如图1–4–3）。

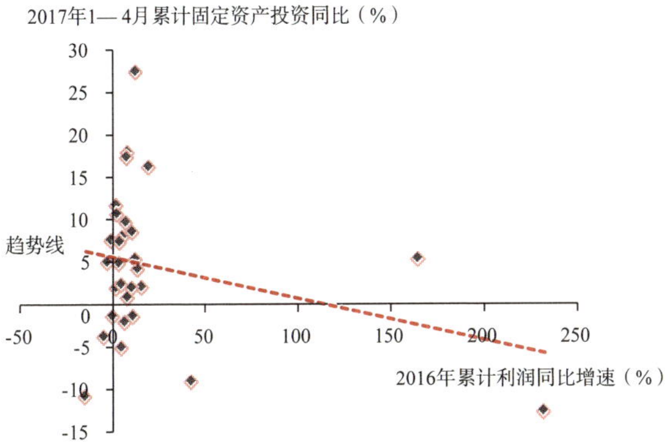

图1–4–3　加入异常值后的累计利润同比增速和投资关系

循此思路，我们把所有制造业子行业分为两类，即供给侧改革重点行业和非供给侧改革重点行业，同时，在供给侧改革重点行业中，加入三个采矿业的子行业，具体分类见表1–4–1。然后，分别对两类行业的利润和投资数据进行分析，结果见图1–4–4和图1–4–5。

表 1–4–1　按照供给侧改革的强度对采矿业和制造业子行业进行分类

供给侧改革重点行业	非供给侧改革重点行业
煤炭开采和洗选业	专用设备制造业
黑色金属矿采选业	印刷业和记录媒介的复制业
有色金属矿采选业	仪器仪表制造业
有色金属冶炼及压延加工业	医药制造业
石油加工、炼焦及核燃料加工业	烟草制品业
化学原料及化学制品制造业	橡胶和塑料制品业
化学纤维制造业	文教、工美、体育和娱乐用品制造业
黑色金属冶炼及压延加工业	通用设备制造业
非金属矿物制品业	铁路、船舶、航空航天和其他运输设备制造业
	食品制造业
	汽车制造业
	其他制造业
	皮革、毛皮、羽毛及其制品和制鞋业
	农副食品加工业
	木材加工及木、竹、藤、棕、草制品业
	酒、饮料和精制茶制造业
	金属制品业
	家具制造业
	计算机、通信和其他电子设备制造业
	纺织业
	纺织服装、服饰业
	电气机械及器材制造业
	造纸及纸制品业

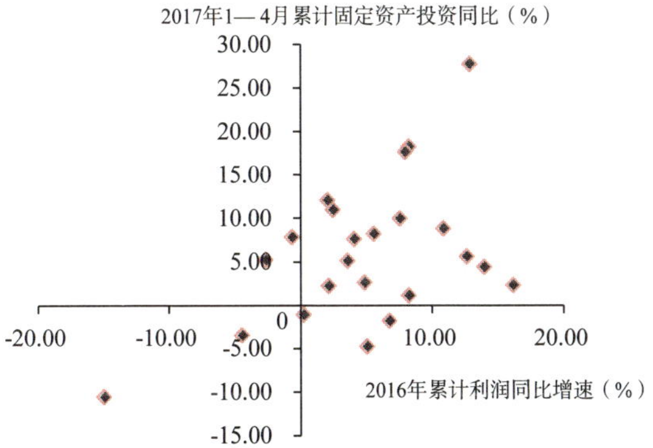

图 1–4–4　非供给侧改革重点行业

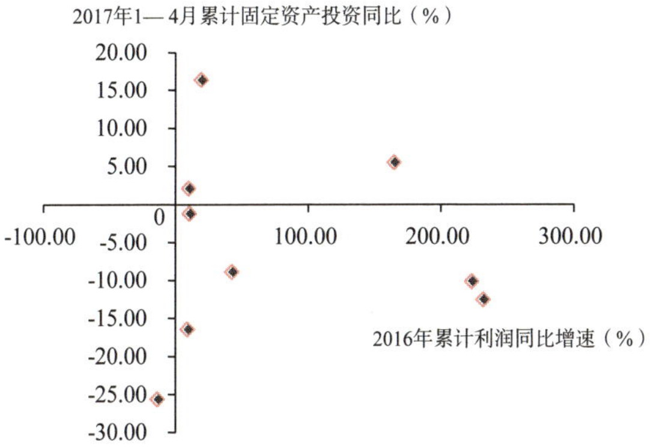

图 1–4–5　供给侧改革重点行业

由图可知，在非供给侧改革重点行业组中，企业利润和投资的关系呈现正相关性，而在供给侧改革重点行业组中，企业利润和投资几乎不相关。为何在供给侧改革重点行业组中，企业投资没能传导至投资决策呢？我们认为，前期亏损是重要原因。一般情况下，利润增幅较大的行业在前期亏损幅度也较大，因此在企业盈利增加后最迫切的任务是修复资产负债表。此次利润增幅较大的行业主要是上游行业，如钢铁业、煤炭业等，这些行业恰恰是之前亏损较大的行业。对此，比较合理的解释是：企业利润恢复之后的首要任务是修复资产负债表，即将利润用来弥补之前的损失或减少债务。

结合前节内容，我们认为本轮企业利润回暖恐怕并不必然导致投资增加。一方面，本轮企业盈利回暖主要集中于供给侧改革强度较大的中上游行业，而这些行业的投资恰恰与盈利没有什么相关性。另一方面，在非供给侧改革重点行业中，利润与投资呈正相关性。但正如我们之前分析过的，这些中下游行业的整体利润并没有明显回升，对投资的促进作用自然就没那么强。

设备投资是决定实际投资的关键，但增长不可持续

除了行业层面的分析，我们还可以从投资的构成分类来考察利润和投资的关系以及投资扩张的可持续性。从构成分类来看，固定资产投资完成额分为建筑安装工程投资、设备工器具购置投资（以下简称“设备投资”）和其他费用投资三类。其中，建筑安装工程投资是指各种房屋、建筑物的建造工程和各种设备、装置的安装工

程所带来的投资支出；设备投资是指购置或自制达到固定资产标准的设备、工具和器具的价值。

从贡献的角度来看，剔除价格因素后，当前设备投资已经成为决定实际投资增速的关键。由于设备投资占比较低[①]，因此往往被常规分析忽略。如果从贡献的角度来考察设备投资对总投资的影响，会发现 2017 年以来设备投资的贡献比 2016 年提高了 1 个百分点，替代了其他费用对月度同比贡献的减少[②]。（关于贡献的计算方法，见附录。）

剔除价格因素后，设备投资对总投资的相对贡献更高。2017 年年初至 4 月，原材料价格上涨使固定资产投资完成额同比数据存在相当程度的虚高。2017 年第一季度，固定资产投资名义累计同比为 9.2%，实际累计同比仅为 4.5%。剔除价格因素后，三类投资的实际季度同比增速差距更加明显。如图 1–4–6 所示，自 2016 年以来，建筑安装工程投资和其他费用的实际季度同比出现快速下滑；2017 年第一季度，设备投资的增速远远高于另外两类投资。

---

① 从比例来看，建筑安装工程投资占比最高，为 60%~70%；设备工器具购置投资次之，为 15%~20%；其他费用投资占比最少，为 10%~15%。

② 我们曾用计算贡献的方法，分析了 2016 年民间投资下滑的原因。详见“何帆，朱鹤《消失的民间投资——2016 年至今民间固定资产投资快速下滑的原因分析》”。

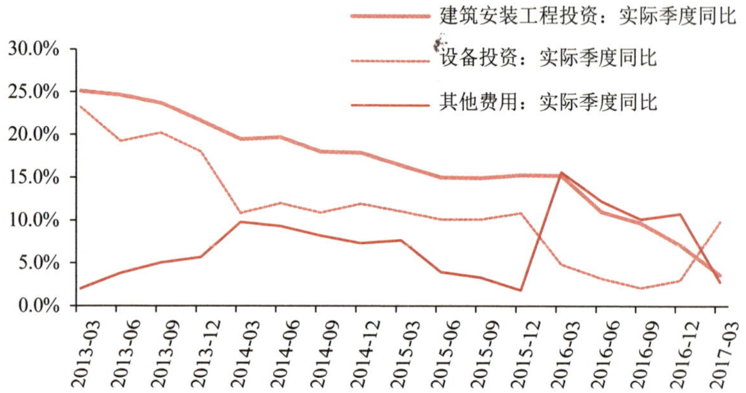

图 1–4–6　三类投资的实际季度同比

表 1–4–2 给出了剔除价格因素后，三类投资在 2016—2017 年的实际季度贡献率。从绝对量来看，2017 年第一季度，设备投资的贡献率是 1.7%，约占总体实际同比增速（4.5%）的 38%，远高于其数量占比。从变化的角度来看，2017 年第一季度建筑安装工程对季度实际投资的贡献率仅为 2.6%，比 2016 年第四季度下降 2.3%，其他费用的贡献率也下降了 0.8%，这些是导致实际季度同比数据快速下降的主要原因。而设备投资的贡献率增加了 1.1%，是拉动固定资产实际季度同比数据的主要力量。

具体到设备投资，制造业企业的盈利累计同比确实表现出了一定程度的先行性——约领先一年。制造业企业利润累计同比数据在 2014 年年底快速下滑，设备投资累计同比到 2015 年年底出现下滑。

2016 年年初，制造业企业盈利开始回暖，设备投资也在 2017 年年初有所增加。但这种先行性并不稳定，有待进一步验证。2017 年 3 月和 4 月，投资和盈利数据双双掉头向下，打破了此前表现出的先行关系。再加上制造业盈利同比数据最早只能追溯到 2014 年，数据区间较短，在有限时间内，指标之间存在的先行关系有待进一步验证。

表 1–4–2　2016—2017 年第一季度三类投资的实际季度贡献率

时间	建筑安装工程	设备工器具购置	其他费用
2016 第一季度	10.7%	0.9%	1.9%
2016 第二季度	7.7%	0.6%	1.4%
2016 第三季度	6.8%	0.4%	1.2%
2016 第四季度	4.9%	0.6%	1.2%
2017 第一季度	2.6%	1.7%	0.4%

如前文所述，本轮企业利润回暖的主要原因是价格因素，但需求并未显著改善，因此利润回暖不具有可持续性。再结合上述分析可知，企业利润回暖的短期性决定了企业设备投资扩张亦不具有可持续性。随着制造业利润增速回落，设备投资的扩张将会缺乏重要的支撑，进而带动整体投资向下，未来企业设备投资扩张并不乐观。

综上，由于前期亏损、盈利可持续性的限制，当前企业的利润回暖未必能够推动企业投资增加，这就是第三问的答案。不难看出，第三问是从企业自身出发，探讨企业投资扩张的可行性。除了企业自身的能力和意愿，许多外部因素也会对企业的投资决策产生重大影响。在这些外部因素中，信贷环境是较为关键的。即使企业有意愿进行产能扩张，在偏紧的信贷环境下，企业产能扩张也会受到很大制约。这就引出了我们的第四问：当前的信贷环境能支持企业开启新一轮的产能投资吗？

本节附录：
贡献计算公式及应用

假设统计指标A可以分成A_1，A_2，...，A_n等分项指标，A_1表示指标A第t期的值，则有 $A_t=\sum_{i=1}^{n}A_{i,t}$ 。设β_t为A指标第t期的同比增速，即 $\beta_t=\frac{A_t-A_{t-1}}{A_{t-1}}$ 。$\gamma_{i,t}$ 为A_i第t期的占比，即 $\gamma_{i,t}=\frac{A_{i,t}}{A_t}$ 。下面对β_t进行分解。

$$\beta_t=\frac{A_t-A_{t-1}}{A_{t-1}}=\frac{\sum_{i=1}^{n}A_{i,t}-\sum_{i=1}^{n}A_{i,t-1}}{A_{t-1}}=\frac{\sum_{i=1}^{n}(A_{i,t}-A_{i,t-1})}{A_{t-1}}$$

$$=\frac{\sum_{i=1}^{n}\frac{(A_{i,t}-A_{i,t-1})}{A_{i,t-1}}\bullet A_{i,t-1}}{A_{t-1}}=\sum_{i=1}^{n}\frac{(A_{i,t}-A_{i,t-1})}{A_{i,t-1}}\bullet\frac{A_{i,t-1}}{A_{t-1}}=\sum_{i=1}^{n}\beta_{i,t}\bullet\gamma_{i,t-1}$$

上式表明，指标A在t期的同比增速，等于各分项指标在t期的同比增速与t–1期占比乘积的总和。

定义 $\beta_{i,t}\bullet\gamma_{i,t}$ 为A_i在t期对指标A_t同比增速β_t的贡献。通过计算不同分项指标的贡献，我们可以得知不同分项指标对总体指标的影响幅度。凭此方法，我们可以得知两个重要信息：一是哪些分项指标对总体指标的影响最大，二是哪些分项指标的贡献变化是导致总体指标同比变化的主要原因。

我们从贡献的角度来考察固定资产投资变动的行业特征。如附表 1–4–3 所示，2016 年，水利、环境和公共设施管理业，房地产业，制造业，交通运输、仓储和邮政业，电力、热力、燃气及水的生产和供应业等五个行业对投资的贡献率最大。

表 1–4–3　2016—2017 年各行业对投资的贡献率

行业	2016 年平均贡献	2017 较 2016 变化（前四月平均贡献）
水利、环境和公共设施管理业	2.415%	0.480%
房地产业	1.696%	–0.121%
制造业	1.498%	–0.601%
交通运输、仓储和邮政业	0.852%	0.872%
电力、热力、燃气及水的生产和供应业	0.823%	–0.817%
农、林、牧、渔业	0.641%	–0.160%
租赁和商务服务业	0.535%	–0.371%
教育	0.318%	–0.119%
卫生和社会工作	0.208%	–0.029%
信息传输、软件和信息技术服务业	0.184%	–0.070%
公共管理、社会保障和社会组织	0.169%	–0.328%
文化、体育和娱乐业	0.144%	0.047%
科学研究、技术服务和地质勘查业	0.124%	0.005%

（续表）

行业	2016年平均贡献	2017较2016变化（前四月平均贡献）
建筑业	0.094%	–0.495%
居民服务、修理和其他服务业	0.037%	–0.030%
金融业	0.011%	–0.132%
批发和零售业	–0.074%	–0.027%
住宿和餐饮业	–0.109%	0.088%
采矿业	–0.440%	0.304%

数据来源：Wind数据库，经作者整理计算

五问“新周期”之四：当前信贷环境能支持企业开启新一轮的产能投资吗①

产能投资周期的开启离不开信贷支持

1998 年至今，中国经历了两轮产能投资周期。“朱格拉周期”，也叫作“产能投资周期”，由法国经济学家朱格拉提出，认为其主要驱动力量来自设备更替与资本投资。从固定资产完成额增速来看，1998 年至今，中国经历了两轮朱格拉周期，分别是 1998—2007 年和 2007—2016 年。

产能投资周期对应着信贷周期。对企业来说，固定资产投资需要资金支持，外部贷款是资金的重要来源之一。因此，从逻辑上来说，企业投资活动旺盛与否往往和信贷环境密切相关。从经验来看，我们将投资指标和货币政策的量价指标相结合，发现产能投资周期的开启确实伴随着宽松的货币政策——其变化趋势和货币量的变化趋势基本一致。2008 年金融危机来袭，央行的主要目标也从控制通胀转变为对抗金融危机，货币政策由“稳中适度从紧”改为

① 本文写作于 2017 年 6 月。

“适度宽松”。伴随着信贷条件的放松，产能投资迈入新周期。

目前，中国的信贷环境仍然偏紧，且短期内看不到政策重返宽松的迹象。一方面，国内金融市场“去杠杆”正处于攻坚阶段。就市场流动性来看，央行发布的《2017年第一季度中国货币政策执行报告》指出，2017年第一季度金融机构超额存款准备金率为1.3%（历史数据第二低），仅比2011年6月高0.5%。这说明央行流动性投放压力加大，货币流动性较为紧张。2017年4月，基础货币继续回笼，现金净投放为负。2017年年初至今，各项利率已经明显上升，这表明央行有意引导利率上行。2017年2月3日和3月16日，央行随行就市，两度上调公开市场利率，第一季度非金融企业及其他部门贷款加权平均利率较12月上行26个基点，达到5.53%，这反映出中国货币条件已实质性收紧。再加上国内金融体系监管进入高压期，国内金融监管的整体政策导向强调控制风险，进而信贷规模的扩张会受到明显约束。在这种背景下，企业获得资金的难度和成本亦随之增加。

另一方面，国际主要发达经济体的货币政策在边际收紧，美国更是率先进入加息周期。美国经济已实现事实上的“充分就业”，且通胀率已接近2%的水平，美联储正式进入加息周期。欧洲方面，欧洲央行的量化宽松政策正逐渐减弱。2017年4月22日，欧洲央行执委诺沃特尼（Ewald Nowotny）表示将继续延续购债行动，但购债的力度会有所缩减。另外，日本央行行长黑田东彦在2017年5

月初提到了调整收益率的控制目标，缩减购债规模。在全球货币政策趋紧的环境下，中国很难独立实行宽松货币政策。

非金融企业杠杆率已偏高，继续加杠杆的空间有限

投资扩张的另一面就是加杠杆。为扩大投资，企业通常会加大公司杠杆以获取更多资金。但是，若企业债务率过高，其还本付息压力将增大，进而会弱化企业融资能力，限制企业的投资扩张。国家发改委财政金融司副司长孙学工认为，杠杆率偏高，特别是企业杠杆率偏高，增加了企业的财务成本，企业债务违约风险就会上升。2011 年以来，少数地区和个别行业已经出现了局部债务链断裂的情况。

横向来看，在中国各部门中，非金融企业债务问题最大——2015 年非金融企业部门债务与GDP的比值高达 131%。根据中国社会科学院李扬团队的研究，截至 2015 年年底，我国债务总额为 168.48 万亿元，全社会杠杆率为 249%。其中，居民部门债务率在 40% 左右，金融部门债务率约为 21%，政府部门债务率约为 40%，若考虑地方融资平台，其债务率则约为 57%。相对于非金融企业来说，其他部门的债务率并不高。

纵向来看，中国非金融企业杠杆率在最近几年有上升趋势。目前，中国非金融企业杠杆率已位居全球第一，远超 90% 的全球警戒

水平，债务风险积聚。在2008年之前，中国非金融企业杠杆率稳定在100%以内。全球金融危机后，加杠杆现象明显。中国非金融企业杠杆率由2008年的98%猛增至2014年的149.1%。扣除地方政府融资平台债务，2014年的杠杆率仍有123.1%，杠杆规模已非常庞大且不容忽视。

杠杆规模在扩大，但加杠杆的效率在递减。我们选取ROE（净资产收益率）指标来反映加杠杆的效率，分析的对象是A股市场中所有非金融企业。通过整体法算出来的ROE显示，除2013年、2016年的ROE较上年上涨，2010年的ROE迎来峰值14.44%外，整体呈现下滑趋势。另外，ROE在2007年年底为16.72%，在2008年年底是10.28%，于2009年年底达到11.74%，都在10%以上。再观察近三年的ROE，在2014年年底达到9.57%，于2015年减少至7.46%，并于2016年年底小幅回升至8.05%，均少于10%。这也就是说，这几年加杠杆的效率在降低。

从A股非金融上市公司的资产负债率指标来看，公司杠杆率在上升。整体而言，非金融上市公司杠杆率从2000年的45.91%上升至2016年的59.86%——仅在金融危机前的2007年下降较明显，为54.42%，在近几年处于60%左右的水平。从行业来看，化纤、建筑、化工原料、建材等行业的杠杆率总体呈现上涨趋势，并在近年处于高位。相比较而言，工业机械等行业的杠杆率波动较大。和产业情况类似的是，资产负债率基本上和资产回报率呈负相关。根据杜邦财务分析法[①]：可知ROA（资产收益率）和资产负债率本身就是负相关的。从微观上看，资产的回报会因杠杆的作用被稀释。

资本“脱虚向实”道阻且长，难以对企业融资形成有效支撑

正如上文所说，信贷边际趋紧，限制企业融资规模扩张。但是，目前信贷边际趋紧是为了金融去杠杆，而金融去杠杆的目的和最终效果是迫使资金“脱虚向实”，这又会对企业融资扩张形成支撑。因此，有必要讨论资金“脱虚向实”的难度以及由此可能增加的企业融资。

2012年以来，在中国货币创造过程中，“脱实向虚”的倾向愈加严重。从金融机构资产负债表出发，M2（反映货币供应量的重要指标，主要反映现实和潜在购买力）属于金融机构负债，其对应的金融机构资产主要包括四项：国外资产（外汇占款）、对政府债权（国债持仓及财政存款变化）、对居民和企业债权（各项贷款），以及对其他金融机构债权（金融同业资产）。随着经济下行压力加大以及结构转型调整，部分资金“脱实向虚”——金融领域资金空

① 杜邦财务分析法（DuPont Analysis）是利用几种主要的财务比率之间的关系来综合地分析企业的财务状况，具体公式为：ROA（资产收益率）=利润/资产=ROE×(1−资产负债率)。

转、“以钱炒钱”等现象出现。部分金融机构热衷当通道、做过桥、加链条、放杠杆，造成越来越多的资金在金融机构内部空转，进而提高了资金成本。这对非金融企业融资来说是相当不利的。一个直接的证据是，2012 年以来，货币增速结构发生显著变化，主要体现为金融部门的货币增速超过非金融部门。持续存在的同比增速差意味着在货币创造过程中，越来越多的部分流向了金融部门，“脱实向虚”的倾向愈加严重。2017 年以来，特别是在 4 月 25 日中央政治局会议之后，“去杠杆”已经成了当前中国金融市场最为重要的任务。推动金融去杠杆，意在引导资金“脱虚向实”，更好地服务实体经济。

随着资金从灰色通道撤回银行，如何将其引导入实体是关键。2017 年 4 月，银监会及各地区银监部门共开出罚单 129 张，涵盖“违规转让非不良贷款”“涉房地产违规贷款”等内容的处罚，银行委外和债券资金池也在被清理。这部分资金流入实体需要多方面配合，而当前的金融监管趋紧在一定程度上使得银行资金流出更加谨慎。另外，新增贷款集中于政府背景项目，这些项目往往由地方政府或者国有企业主导。这并没有降低中小企业的融资成本，实体经济的资金依旧循环不畅。

即使不考虑资金“脱虚向实”存在的难度，最终能流入实体经济的实际资金规模也相对有限。根据测算，2017 年“脱虚向实”资金的潜在规模预计在 3 800 亿元左右。“脱虚向实”本质上是流量问题，其重点是要计算流量的增量部分，也就是贷款创造的二阶效应。计算的基本思路是：首先，将金融部门出现“脱实向虚”之前的新增贷款结构作为基准，估算出新增贷款应该流向非金融企业部门的比例，记为“理论比例”；其次，在给定的人民币贷款同比增速下，计算2017年新增贷款规模，并利用移动平均方法估算出新增贷款中流向非金融企业的部分，记为“实际比例”；最后，用理论比例减去实际比例，就可以得到“脱虚向实”资金的潜在规模。

假定需要5年完成资本“脱虚向实”，可得2017年因“脱虚向实”而流向企业部门的增量资金。

首先，我们用“脱实向虚”之前的历史数据，即2004—2007年金融部门新增人民币贷款的季度数据，可以算出非金融企业部门在新增人民币贷款中的平均占比为78%。然后，我们采用移动平均方法计算出4期平均水平后2017年非金融企业部门在新增人民币贷款中的平均占比约为63%，二者相差15%。根据央行发布的金融统计数据，2016年12月末人民币贷款余额为106.60万亿元，同比增长13.5%。假设2017年人民币贷款同比增长12%，则新增人民币贷款规模为12.8（106.6×0.12）万亿元。最后，我们得到潜在的“脱虚入实”资金规模约为1.92（12.8×15%）万亿元。

如前所述，2012年之后中国金融部门“脱实向虚”问题愈加严重，至今已有5年。上一次脱离均值的时间是在2007年，再次回到均值在2012年左右，也就是说，2007年之后，中国花了约5年的时间才重回平均水平。因此，我们亦假定这一轮金融“脱虚向实”也需要5年时间才能完成。如果每年的进度大致相等，则2017年流向非金融部门的人民币贷款增量约为3 840亿元（潜在资金规模与时间之比）。

按照上述框架，我们分别在人民币贷款增速为10%、11%、12%、13%，以及需要3年、4年、5年的时间完成“脱虚向实”的假设下，对“脱虚向实”资金的潜在规模进行了测算。结果见表1–4–1。

表1–4–1　各情景下的“脱虚向实”资金规模

（单位：亿元）

增速＼年限	3年	4年	5年	均值
10%	5 333.33	4 000	3 200	4 177.78
11%	5 866.67	4 400	3 520	4 595.56
12%	6 400	4 800	3 840	5 013.33
13%	6 933.33	5 200	4 160	5 431.11
均值	6 133.33	4 600	3 680	4 804.44

综上可知，中国的货币环境和信贷环境不足以支持企业开启新一轮的产能投资。同时，中国非金融企业部门杠杆率过高，进一步扩张的空间非常有限。结果就是，本轮金融部门去杠杆或许会驱使部分资金“脱虚向实”，流入企业部门。然而，根据测算，由此带

来的企业部门信贷增量相对有限，短期内不会改变信贷偏紧的大环境。因此，无论是企业投资意愿，还是信贷环境，都不足以证实新一轮产能投资周期即将到来。

可是，就算产能投资周期来了又能如何？与10年前相比，中国的经济结构已经发生了根本性的改变，投资对GDP的拉动作用正快速弱化。之后我们要回答的问题是：在当前经济结构下，投资还能否主导GDP增速？

五问“新周期”之五：在当前经济结构下，投资还能否主导GDP增速[①]

在前文中，我们集中回答了一个问题，即新一轮的企业产能投资周期是否已经到来。就目前情况来看，答案恐怕是否定的。按道理说，既然给出了答案，那么关于新周期的讨论应该到此为止。然而，在拉动中国经济增长的“三驾马车”中，投资始终扮演着重要角色，经济增长的周期性波动更是与投资增速波动息息相关。在过去30年里，每当中国经济增长遇到下行压力，几乎都是靠增加投资稳住增长。我们最后要追问的是，在当前经济结构下，即使新一轮投资周期真的来了，投资还能否主导GDP增速？

投资效率快速下降大大制约了投资对GDP的拉动作用

2008年国际金融危机后，中国经济结构发生了明显变化，其中最为显著的变化是资本形成总额对GDP增长的贡献率在持续降低。

---

① 本文写作于2017年6月。

2016年，资本形成总额对GDP增长的贡献率为42.2%，比2009年的历史高点（86.5%）减少了一半。最终消费支出对GDP增长的贡献率为64.6%，高出资本形成总额对GDP增长的贡献率近20个百分点。

如果把时间拉得更长，我们会发现2009年资本形成总额对GDP增长的贡献率的历史高点只是个特例。2000—2016年，资本形成总额的贡献率均值为50.6%，也就是说，2016年资本形成总额对GDP增长的贡献率比历史均值只低了10个百分点。仅凭这一点，确实有理由相信在当前情况下中国经济依然可以依靠投资回升来稳住GDP增速。甚至有观点认为，当下中国的情况，可以参考2000年前后中国开启新一轮投资驱动增长的情况。

但是，上述观点忽略一个问题，那就是投资不等于资本形成。投资拉动GDP的机制应该是投资形成了资本，然后资本计入了GDP。如果投资不能形成资本，那么它对GDP的拉动作用也就无从谈起。这一点正是当前中国能否复制2000年开启投资驱动新周期的关键。

投资效率快速下降是制约投资拉动效应的关键因素。2001年以来，全社会固定资产投资总额与资本形成总额开始出现背离，并且差额呈逐年扩大趋势。我们把“资本形成总额/全社会固定资产投资总额”记为“投资–资本转化率”。2001年以来，投资–资本转化率的下行趋势非常明显。2001年，中国的投资–资本转化率为 1.09，到 2016 年已经下降为 0.55。这也就是说，2001 年 1 个单位的投资可以形成 1.09 个单位的资本，即 1.09 个单位的GDP。到了 2016 年，1 个单位的投资只能带来 0.55 个单位的GDP，即超过 40%的固定资产投资不能形成资本。由此可见，当前中国的投资效率较 2001 年已经显著下降，这大大制约了投资对GDP的拉动作用。

需要多少投资才能保住 6.5%

为了更清楚地了解投资对GDP的拉动作用有多大，我们对投资与GDP之间的数据关系进行估算。估算步骤如下：

1.给定 2017 年的GDP增速和GDP平减指数，得出 2017 年的GDP增量；结合资本形成总额对GDP增长贡献率的历史数据，线性外推出 2017 年资本形成总额对GDP增长的贡献率，约为 40%；再结合 2017 年GDP增量，即可得到 2017 年资本形成总额的增量和总量。

2.结合“资本形成总额/全社会固定资产投资总额”的历史数据，线性外推出 2017 年投资–资本转化率约为 0.51；再结合 2017 年的资本形成总额，即可得到 2017 年全社会固定资产投资总额的总量、增量和同比增速。

3.将全社会固定资产投资总额分为民间投资和非民间投资两部

分，分别讨论在其中一部分保持稳定的情况下，另一部分需要达到多少增速，才能确保全社会固定资产投资同比增速达到预期估算值。

基于上述框架，我们对GDP增速目标、GDP平减指数，以及投资–资本转化率设定不同的估算值，以探讨各种情形下投资对GDP的拉动作用。

此处，我们先以6.5%的GDP增速目标和1.5%的GDP平减指数为例，估算2017年投资与GDP的关系。

第一步：假定2017年GDP同比增速要达到6.5%且平减指数为1.5%，则当年GDP增量应为59 530亿元［2016年GDP ×（6.5% + 1.5%）］。2016年资本形成总额对GDP的贡献率为42.2%，且近5年有下降趋势。按照线性外推，2017年资本形成总额对GDP的贡献率约为40%，则2017年新增资本形成总额为23 812（59 530 × 40%）亿元。结合2016年资本形成总额（335 110亿元），可以得到2017年的资本形成总额为358 912亿元。

第二步：从1981—2016年资本形成总额和全社会固定资产投资总额的比例来看，数据呈显著的下降趋势。2016年该比例下降为0.55，用历史数据做线性外推，可得2017年该比例为0.51。再根据得到的2017年的资本形成总额（358 912亿元），可得2017年全社会固定资产投资总额为703 749亿元。2016年，全社会固定资产投资总额为606 466亿元，可得2017年全社会固定资产投资同比增速约为 16%。

第三步：2016 年，民间投资规模为 365 219 亿元，非民间投资规模为 241 247 亿元（全社会投资总额减去民间投资总额）。2017 年以来，全社会固定资产投资总额同比增速较 2016 年相对稳定，其中民间投资同比增速显著回升，但距离 16% 的平均增速仍相距甚远。下面，分两种情况讨论 2017 年投资的情况。

一、如果民间投资的同比增速按照 1—4 月份的增速水平并保持稳定增长，即 2017 年全年增速在 7% 左右，则 2017 年民间投资的增量为 25 565 亿元。用全年固定资产投资总额增量 97 034 亿元（2017 年与 2016 年全社会固定资产投资总额之差）减去民间投资的增量，可得 2017 年非民间投资的增量为 71 569 亿元，同比增速为 29.67%。也就是说，在民间投资增速为 7% 的情况下，要使 GDP 增速维持在 6.5%，则 2017 年非民间投资同比增速要达到 29.67%

二、如果非民间投资的同比增速按照 1—4 月份的增速水平并保持稳定增长，即 2017 年全年增速在 12% 左右，则非民间投资在 2017 年的增量为 28 949 亿元。用 2017 年全社会固定资产投资总额增量减去非民间投资的增量，可得 2017 年民间投资的增量为 68 085 亿元，同比增速为 18.6%。也就是说，在非民间投资增速为 12% 的情况下，要使 GDP 增速维持在 6.5%，则 2017 年非民间投资同比增速要达到 18.6%。

比投资更重要的是“投资－资本转化率”

表1–5–1到表1–5–3列示了在不同条件下，要维持不同GDP增速目标所需要的投资同比增速。从表中数据可以看出，在给定GDP增速目标后，投资–资本转化率不变，GDP平减指数对投资拉动效应的影响就不显著。同样，在给定GDP平减指数的前提下，不同的GDP增速目标也不会对投资拉动效应有显著的影响。真正决定投资对GDP拉动效应的其实是投资–资本转化率。

表 1–5–1　GDP目标增速为 6.5% 时的估算

	投资–资本转化率	全社会固定资产投资总额同比增长	民间投资理论增速（非民间投资增速稳定时）	非民间投资理论增速（民间投资增速稳定时）
平减指数 1.5%	0.51	16%	18.60%	35.42%
	0.53	11.66%	11.44%	24.52%
	0.55	7.60%	4.70%	14.30%
平减指数 2%	0.51	16.53%	19.51%	36.74%
	0.53	12.13%	12.21%	25.69%
	0.55	8.05%	5.44%	15.44%
平减指数 2.5%	0.51	17.01%	20.31%	37.95%
	0.53	12.59%	12.98%	26.85%
	0.55	8.50%	6.18%	16.56%

表 1-5-2 GDP目标增速为 6.7% 时的估算

	投资-资本转化率	全社会固定资产投资总额同比增长	民间投资理论增速（非民间投资增速稳定时）	非民间投资理论增速（民间投资增速稳定时）
平减指数 1.5%	0.51	16.24%	19.04%	36.02%
	0.53	11.85%	11.75%	24.99%
	0.55	7.78%	5%	14.77%
平减指数 2%	0.51	16.72%	19.83%	37.23%
	0.53	12.31%	12.52%	26.16%
	0.55	8.23%	5.74%	15.89%
平减指数 2.5%	0.51	17.20%	20.63%	38.44%
	0.53	12.78%	13.29%	27.32%
	0.55	8.68%	6.48%	17.01%

表 1-5-3 GDP目标增速为 6.9% 时的估算

	投资-资本转化率	全社会固定资产投资总额同比增长	民间投资理论增速（非民间投资增速稳定时）	非民间投资理论增速（民间投资增速稳定时）
平减指数 1.5%	0.51	16.43%	19.36%	36.50%
	0.53	12.04%	12.06%	25.46%
	0.55	7.96%	5.29%	15.22%
平减指数 2%	0.51	16.91%	20.15%	37.71%
	0.53	12.50%	12.83%	26.62%
	0.55	8.41%	6.04%	16.34%
平减指数 2.5%	0.51	17.39%	20.95%	38.92%
	0.53	12.96%	13.60%	27.78%
	0.55	8.85%	6.78%	17.46%

例如，要达到6.5%的GDP增长率，GDP平减指数每增加1个百分点，对应的全社会固定资产投资同比增速也增加1个百分点；如果投资–资本转化率从0.51增加到0.55，也就是增加4个百分点，那么要求达到的全社会固定资产同比增速就会降低一半。这就是效率的重要性。

换句话说，比投资更重要的是投资–资本转化率。只要投资–资本转化率持续下行的趋势不能得到扭转，投资对GDP增速的拉动效应就会越来越弱，想要凭借投资拉动GDP也会越来越困难。在这种情况下，即使开启了新一轮的投资周期，最终能拉动的GDP增量也相对有限。中国经济若想要开启新一轮周期，恐怕还要在投资以外多下功夫。

第二章

中国经济如何转型

探寻中国经济增长的新动力①

2017 年前两个季度，中国 GDP 延续了 2016 年第四季度的反弹趋势，同比增速达到 6.9%。PPI(生产价格指数)一举扭转过去 4 年持续同比负增长的态势，工业增加值和工业企业利润的同比增速也有明显回升，经济短期下行压力得到有效遏制。这引发了经济学界的争论，有的观点认为中国经济已经触底反弹，并将开启新一轮增长周期。但是，笔者认为，近期中国经济增速回升的原因较为复杂，仅凭GDP增速、企业利润等总量指标的表现不足以证实中国经济已经触底反弹。本轮企业利润回暖的原因在于供给侧和需求侧同时发力，但不具有可持续性，企业增加投资的意愿和能力也受到限制。中国经济要想开启新一轮的复苏周期，不能也不必依赖投资。加快推进结构性改革，在民生领域持续发力，才是驱动中国经济进入新周期的新动力。

---

① 本文写作于 2017 年 9 月。

本轮企业利润回暖不具有可持续性，无法拉动投资

2016年年中至今，中国工业企业利润逐渐回暖，成为中国经济进入新周期的关键证据。然而，并非所有企业的利润都有好转。本轮企业利润回暖具有鲜明的结构性特点。具体来说，这些结构性特点表现为以下几个方面：

第一，大中型企业利润回暖较快，且同比增速快于工业企业整体利润增速。2017年1—4月，大中型企业累计利润同比增速为31.7%，比整体工业企业利润增速高出了7.3个百分点。同时，大中型企业利润在工业企业总利润的占比已经达到66%，基本上主导了工业企业的总利润水平。第二，国有企业利润显著增加，是企业利润整体回暖的关键因素。2017年1—3月，国有企业利润同比增长70.5%，远远高于其他类型企业。第三，上中游行业盈利回暖远好于下游行业。2017年1—3月，上游行业利润达到1 228亿元，而2016年同期亏损54亿元；中游行业利润达到8 040亿元，同比增长36%，其中黑色加工、有色加工、化纤等行业盈利改善最大。相比之下，下游行业利润同比增长仅为2.9%。

从供给端来看，行政化去产能政策急速推进是导致上述结构性特点的重要原因。它导致原材料价格大幅上涨，这在煤炭、钢铁、化工和有色等行业表现得尤为突出。2015年以来，煤炭和钢铁产品价格出现明显回升。目前5 500大卡的动力煤价格基本稳定在了

600 元/吨左右，相比 2015 年年底的价格增加了 230 元，增幅超过 70%；螺纹钢的价格在 3 500 元/吨上下波动，比 2015 年年底的价格几乎增加了一倍。2017 年 1—4 月，煤炭开采与洗选业的累计利润比 2016 年同期增加了 100 倍，黑色金属冶炼及压延工业的利润同比增幅达 141.5%，远高于其他行业。反观纺织、橡胶、食品等下游行业的利润增长则较为温和，市场需求整体偏弱。2017 年 1—4 月，纺织、橡胶和食品加工业的累计利润同比增速仅为 5.3%、5.4% 和 8.4%，大大低于同期整体工业企业的累计利润同比增速。

更值得注意的是，企业利润的结构性特点反映出利润正在不同行业间进行再分配。如果上游行业是由于价格上涨而出现利润回升的，那么这一价格上涨作用很难完全传导到下游行业——大部分价格上涨都转化为下游行业的成本上涨。纺织、金属制品、橡胶、食品等行业的生产成本的增速快于产品价格的增速，这其中的缺口部分就是因成本上升导致的利润损失。

投资缺乏持续回升的动力

从历史数据来看，工业企业利润增长并不必然带来投资的增长。二者在 2016 年以来出现了背离的趋势，在盈利不断回暖的情况下，实际投资的同比数据却一路下滑。一般情况下，企业盈利改善会在一定程度上促进企业的投资，除煤炭、钢铁、有色金属和化工等其他制造行业，我们确实能够发现这些行业的盈利和投资之间的正相关关系。但是，这些行业恰恰没有出现很强的利润回升。反观煤炭、钢铁、有色金属和化工等行业，其盈利与投资之间没有表现出明显的正相关关系。也就是说，恰恰是那些利润增长速度最快的企业，投资意愿最弱。

这种现象背后的原因是近期利润增幅较大的行业在前期的亏损幅度也较大。当企业盈利增加后，这些企业首先想做的是用利润弥补以前的亏损、减少债务负担、尽快修复资产负债表，而非贸然地增加投资。这和日本在 20 世纪 90 年代进入经济衰退时期企业的行为异曲同工。

在目前偏紧的信贷环境中，即使盈利增长较快的企业有意愿增加投资，要获得相应的融资也会比之前困难。企业的固定资产投资需要资金支持，而外部贷款是资金的重要来源之一。从历史经验来看，较为宽松的信贷政策促进了较为强劲的投资增长。但是，当前国内金融市场去杠杠正处于攻坚阶段，短期内看不到货币政策重返宽松的迹象。国内金融监管部门采取了一系列政策加强监管力度，刚刚召开的全国金融工作会议更是强调要确保金融稳定。2017 年年初至今，各项利率明显上升表明央行有意引导利率上行，进而无论是发债还是去银行贷款，企业融资的成本都在增加。在这种背景下，企业即使想增加投资，获得融资的难度和成本都在增加，这在客观上又会削弱企业的投资意愿。

“强改革”方是驱动中国经济增长的新动力

未来一段时间，不仅企业投资难以支撑经济增长，政府投资、消费和外需亦无法驱动中国经济进入新周期。从政府投资来看，2017 年的基础设施投资增速未能保持原有水平。由于 2016 年的基建投资基数较高，而PPP的优质项目已经大体告罄，再加上财政部出台多份文件规范地方政府融资和支出的行为，银监会也要求防控地方债务风险，地方债务增量部分更是实施了终身问责制——2017 年很难再次出现基建投资的井喷式爆发。从消费来看，2011 年以来，社会消费品零售总额的同比增速呈现出平稳下降的趋势。在居民收入没有明显改善、新的消费热点没有出现之前，预计社会消费只会保持增速平稳下滑的趋势。从外需来看，外部需求回升的基础并不稳定，净出口对GDP增长的拉动效应不大。美国经济增速已经接近潜在增速，特朗普的财政刺激政策前景并不明朗，欧洲和日本等主要经济体经济增长乏力——外部需求进一步提升的空间有限。

综上所述，中国经济以“增速换挡，结构升级，动能转换”为特点的“新常态”并未出现根本的改变，下行压力依然存在，2017 年上半年亮眼的经济数据或许会在下半年逐渐暗淡。未来，要想让中国经济增速继续保持在较高水平，一种选择就是在经济下滑之后再次启动传统的“强刺激”政策，即实施宽松的财政和货币政策来刺激地方政府和企业的投资。但中国经济的体量已经很大，这种应对策略的边际效用在递减，副作用也越来越大。除非出现经济崩盘风险，否则应谨慎选择这种刺激。

纵观改革开放以来，中国经济每进入相对长的快速发展阶段之前，都经历了深刻的体制变革，并释放出强大的经济活力。从改革开放之初的家庭联产承包责任制，到20世纪90年代社会主义市场经济体制的提出，再到21世纪初中国正式加入WTO（世界贸易组织），莫不如是。党的十八届三中全会以来，中国已在多个领域推行结构性改革。有的领域的改革已经有了实质性推进，有的领域则是刚刚开始，还有的领域尚未启动。因此，中国应尽快推出“强改革”政策，在重点领域推进实质性改革。这些改革包括深入推进国有企业改革，开放能够切实改善民生、增强人民“获得感”的服务业，如医疗、教育、养老、通信等；以更为市场化的方式推进城市化和环境保护；实行更高水平的对外开放；等等。这些改革将释放出强烈的信号，从根本上提振市场信心并激发市场活力。唯有如此，中国经济方能获得新动力，开启新一轮的增长周期。

去产能困局：进退两难的煤价[①]

2016 年 2 月，国务院印发《关于煤炭行业化解过剩产能实现脱困发展的意见》(以下简称《意见》)，煤炭行业由此掀开了一场如火如荼的去产能运动。《意见》给出了未来 3~5 年煤炭行业减少 10 亿吨产能的总目标。为实现上述目标，《意见》给出了许多具体的措施，其中最主要的限产手段有两个。一是从 2016 年起，三年内原则上停止审批新建煤矿项目、新增产能的技术改造项目和产能核增项目；确需新建煤矿的，一律实行减量置换。二是从 2016 年开始，按全年作业时间不超过 276 个工作日重新确定煤矿产能，原则上法定节假日和周日不安排生产。

从实际效果来看，煤炭行业的去产能颇为成功。首先，2016 年 2.5 亿吨煤炭去产能任务超额完成。这一事实来自中国煤炭工业协会副秘书长张宏在 2017 年度全国煤炭交易会新闻发布会上的发言。其次，煤炭产量得到有效控制。2016 年以来，中国动力煤当月产量

① 本文写作于 2017 年 3 月。

同比始终保持负增长；1—10月原煤产量累计比去年同期减少3.1亿吨，累计同比下降12%。最后，煤炭生产的安全事故数量大大降低。根据国家煤矿安监局副局长杨富2016年7月在国新办新闻发布会上提供的数据，2016年上半年，中国煤矿发生各类伤亡事故107起，死亡205人，比2015年同期减少了86起、116人，降幅分别为44.6%和36.1%。

卓有成效的去产能还带来了另一个结果，那就是煤炭价格快速上涨。按照最基本的经济学规律，在需求稳定的情况下，供给在短时间内大幅减少，必然会导致价格快速上涨。2016年1月，5 500大卡山西产的动力煤秦皇岛到港价仅为370元/吨，为2008年金融危机以来的最低点；2016年上半年，该价格略有上升，于7月初涨到了400元/吨；从2016年7月起，该价格开始快速上升，4个月的时间上涨了50%，达到600元/吨。动力煤期货价格的涨幅和增速更为惊人。2015年年底，动力煤期货收盘价一度跌至287元/吨，而在去产能预期的催化下，一度飙升至674元/吨，涨幅达135%。

就目前的情况来看，煤炭行业的去产能已经取得了阶段性成功，价格上涨亦是去产能的应有结果。在这个过程中，行政力量发挥了巨大作用。例如，为配合去产能，各地出台了种类繁多的督查和问责制度。利用行政手段去产能可以在短期内获得奇效，但从长期来看，这种去产能思路完全不可持续。当下，煤炭行业去产能已陷入进退维谷的困局。倘若继续坚持当前的去产能政策，目前供需失衡的局面就会继续保持下去，供不应求带来的市场压力会继续支撑煤炭价格上行。高企的煤炭价格会带来三方面的问题。

其一，高煤价会增加下游行业的成本，在挤压下游行业利润的同时，推升产成品价格。煤炭的下游行业主要有四个：电力、钢铁、建材和化工。除了电力行业外，剩余三个行业的产成品价格都是市场化定价。在终端需求没有明显增加的情况下，煤炭价格继续上涨会挤压这些行业本就薄弱的利润，同时还会迫使这些行业提高产成品价格。价格经过层层传导之后，会推动终端产品价格上行。在总需求没有明显好转的情况下，就有可能催生出成本推动型的滞胀循环。

其二，继续压缩煤炭产量不利于保障煤炭供给安全。除了要保障工业生产对煤炭的需求，居民部门对煤炭的需求更是政府关注的重点，其集中表现为夏季用电和冬季取暖。2017 年夏季，中国大部分地区持续高温少雨，空调用电量明显增加，部分地区出现了煤炭供应偏紧的情况。入冬之前，国家发改委曾明确表示，“煤炭供应特别是电煤供应决不能出问题”，“当前已进入备冬储煤的关键时期，东北地区临近冬季供暖期，保障煤炭稳定供应事关经济平稳运行和社会稳定，容不得半点闪失”。出于上述考虑，国家发改委在两个月内连续召开了 5 次会议，目的就是释放煤炭产能，保障煤炭供给安全。现阶段煤炭供需已经如此紧张，今后若继续大力去产能显然不利于保障煤炭供给安全。

其三，高煤价和低电价会加大对钢铁市场的扭曲，并增加环保压力。炼钢既可以用煤炭产品，也可以直接用电。由于用电炼钢的单位产量较少，目前用电炼钢的钢厂多为各地的“黑钢厂”，产品被称为“地条钢”。这些钢铁的原料为废钢，成本低、质量差、污染严重。而用煤炼钢的钢厂多为规模较大的钢厂，特别是钢铁工业协会和工信部联合订立的三批白名单中的钢铁企业，无论是环保设备还是护理情况都已经比较理想。在当前“市场煤、计划电”的制度下，电价不会因煤价快速上升而调高，这就意味着用电炼钢更划算，也就是在变相补贴用电炼“地条钢”的非法钢厂。于是，越正规环保的钢厂利润受损越严重，那些非法且污染严重的“黑钢厂”却赚得盆满钵满。

既然继续去产能可能会导致如此多的问题，那么暂缓去产能，并通过增加产量让煤炭价格降下来是否可行？答案恐怕是否定的。事实上，早在 2017 年 9 月底，国家发改委就已经率先解锁了一批拥有先进产能，即一级安全质量标准化煤矿和各地向中国煤炭工业协会申报的安全高效煤矿。这次产能释放在很大程度上避免了 2017 年冬季用煤可能出现的紧张局面，但也给未来去产能进程埋下了隐患。

首先，决策部门会在产量和价格之间摇摆不定，最终导致去产能失败。现阶段的去产能成果主要体现为政府对煤炭产量的有效控制。价格一旦过高，政府就要放开产量以保证供给，前期对产量的控制就变得毫无意义。如此一来，不仅煤炭行业去产能会失败，钢铁行业的去产能也会失败。放开煤炭产量后，煤炭价格会下降，这就为钢厂增加了赢利空间。目前，整个钢铁行业产能利用率远低于正常水平，其重要原因就是煤炭价格过高导致赢利空间不足。即便如此，2017 年粗钢产量已经再创历史新高。一旦煤炭价格降下来，钢厂的赢利空间就会得到极大修复。在企业赢利的情况下去产能，阻力可想而知。

其次，煤炭企业复产意愿普遍不强。一方面，本轮煤价上涨让所有煤炭企业都尝到了甜头，放开产量让价格下跌，对所有企业都没有好处。加之国有企业在行业中占据着主导地位，业内企业在控制产量方面或许早已达成某种程度的默契。另一方面，前几年煤炭价格低迷导致多数煤炭企业负债快速增加，企业急需通过稳定的盈利减少债务负担。现阶段煤炭价格虽然较高，但持续时间并不长，大量煤炭企业在 2017 年 7 月才开始赢利。因此，煤炭企业十分需要在高煤价的环境下休养生息。此外，煤炭行业的安全生产问题始终是决策部门关注的重点。在“276 个工作日”制度下，2017 年上半年的伤亡事故总量显著下降，但重大煤矿事故发生了 5 起、死亡 64 人，比 2016 年同期增加了 4 起、43 人。在“276 个工作日”制度下尚且如此，如果放开煤炭产量，煤炭企业如何能够有效保障安全生产？不得不说，这是煤炭企业抵制政府要求增加产量的最佳理由。

最后，支撑本轮煤炭价格上涨的部分动力来自成本增加。这些成本包括环保成本、安全成本、人工成本和运输成本。其中，运输成本增幅比较明显。这一方面是在运力受限的情况下用煤客户过度竞争所致，另一方面是新实行的公路运载新规调低了货运车的载重上限，抬升了煤炭的单位运输成本。环保成本和安全成本都是刚性成本，只能增加不能减少。除此之外，煤炭行业的税收按照从价税和累进税收取，这导致煤炭上涨之后，煤炭企业的税率也相应提升，税收负担也有明显增加。因此，价格上涨给煤炭企业创造的利润已被成本吞噬了相当一部分。这种情况下，即使放开了产量，价格也未必能够降低很多，反而容易让煤炭企业再次陷入亏损状态。

进退两难的煤价折射出的是行政式去产能的内在矛盾。去产能是个渐进过程，原本要在“去库存—去产量—去产能”之间多次循环往复方能成功。行政式的手段固然可以在短期内快速压制产能，但政府之“手”终究敌不过市场规律。一旦市场回暖，利润会诱使大量非正当的产品出现以填补供需缺口，进而严重破坏本就脆弱的市场秩序。更让人担忧的是，过度依赖行政手段很可能会引发“管制俘获”问题。届时新生的利益集团借市场“绑架”政府，借政府控制市场，社会福利将遭受重大损失。

总而言之，去产能需要壮士断腕的决心，但更需要耐心以及对市场机制的信心。政府应早日回归本职，最大限度地减少对市场的直接干预，把政策重点放在社会保障和民生支持上，实现协调、可持续地去产能。

坚持市场化的去产能①

当前，钢铁、煤炭、水泥等传统行业出现了严重的产能过剩现象，给中国经济战略调整和转型升级带来巨大挑战。当前产能过剩问题的性质比较复杂，同时表现出周期性、体制性和阶段性的特点。

首先，周期性体现为金融危机导致外需减弱，并引发部分行业出现产能过剩。2008年后，全球经济处于深刻调整周期，部分大宗商品价格经历了长期下跌，与此相关的行业受到较大冲击。周期性本质上是一种偶然性，因此不能一味指望通过外需恢复来化解产能过剩。

其次，体制性体现为中国的产能过剩问题往往是政府过度干预经济的直接后果。改革开放以来，中国曾出现过两次大规模的产能过剩。两次产能过剩爆发之前，都曾出现大规模的政府主导的投资。这些投资表现出明显的后劲不足，人为制造的需求快速回落，最终导致产能过剩问题愈演愈烈。

---

① 本文写作于2016年5月。

最后，阶段性体现为在经济转型阶段往往会出现产能过剩。随着经济逐渐走向成熟，产业结构面临转型升级，传统产业需求减弱会使供需矛盾变得尖锐，最终导致产能过剩出现。发达国家在产业结构调整和转型升级的时期都出现过产能过剩，而中国宏观经济正处于战略调整和转型升级的关键时期，此时出现产能过剩也符合经济发展的必然规律。

在产能过剩的原因中，真正需要政府重视并加以应对的是体制性因素。政府过度干预经济是造成中国出现产能过剩的根源。因此，在化解产能过剩的过程中，需要始终坚持的核心原则即坚持使用市场化的手段应对产能过剩。所谓市场化的手段，就是企业的生产和投资决策全部只依据市场化形成的产品价格——价格机制是唯一的去产能力量。在这个原则下，可以得出如下两个基本判断：

第一个基本判断是化解产能过剩需要较长时间，不能操之过急。国际经验表明，用市场化手段去产能大约要经历5~10年的时间。在这个过程中，市场会反复经历去库存、去产量和去产能三个阶段，产能水平会整体呈现出阶段性下降的态势。因此，在去产能的过程中要相信市场的力量，决不能操之过急，更要避免使用行政化的方式实现“快速”去产能。

第二个基本判断是化解现有的过剩产能不会造成不可承受的失业率。根据估算，化解钢铁、煤炭等六大行业的过剩产能可能会造成430万左右的失业人数，占2015年城镇就业人口的1.06%。进一步来看，坚持使用市场化的手段实现去产能，按照5年计算，每年的失业率仅增加0.2个百分点，完全在经济的可承受范围之内。当然，个别地区由于产业集中度较高，可能会面临较大的失业压力。

立足于上述判断，政府可以在以下三个方面发力，有效促进市场化的去产能。

第一，建立产能监测体系，避免大规模以旧换新。国家统计局和工信部联合建立设备注册制度，并在此基础上构建完善的产能监测体系，以及时了解和准确把握设备情况，加强对产能进行管理。应警惕过剩产能以“新技术”的形式再次出现。建议各行业根据不同的技术情况和去产能目标，设定固定的以旧换新比例。

第二，充分发挥行业协会作为主要协调人的作用。以行业协会作为主要协调人，能够充分尊重各行业的实际情况，有助于保证民营企业的权利，避免去产能过程中出现歧视民营企业的情况。目前，钢铁行业协会、水泥行业协会等已经在发挥重要作用。同时，鼓励由各行业协会牵头成立专项基金，用于补贴对去产能贡献较大的企业。

第三，设立专项职工安置基金，采取多元化的职工安置方式。建议财政部每年以增发特殊国债的方式募集资金，补充到专项职工安置基金当中。专项职工安置基金还应根据僵尸企业裁员和变相裁员的方式和规模，给予相应的补贴。与此同时，支持失业人员再就业。主要措施包括：为失业人员提供就业信息服务，对失业者进行就业指导和职业培训，对雇用特定衰退产业或地区失业者的企业提供补贴等。此外，还建议加大对民间再就业培训机构的财政补贴，放宽相关服务领域的准入门槛，鼓励民间资本进入。

国有企业去杠杆的困难与应对[①]

去杠杆是中国正在推动的供给侧结构性改革的五大任务之一。目前，中国居民部门和政府部门的杠杆率相对于国际水平仍然较低。相比之下，更值得担忧的是企业的杠杆率。2008年金融危机以来，中国企业的杠杆率高企，尤其是国企的债务规模增长过快，债务负担不断加重，成为去杠杆的主攻方向。

国企杠杆率高企的四个典型事实

其一，国有企业是非金融企业部门负债的主要承担者。根据中国社科院的测算，截至2015年年底，金融部门、居民部门、含地方融资平台的政府部门，以及非金融企业部门的债务规模与GDP之比分别为21%、40%、57%和156%。2015年，全国国有企业负债总额为92.4万亿元，全国GDP总额为68.9万亿元，国有企业负债总额与

① 本文写作于2017年6月。

GDP之比为134%。也就是说，企业部门的负债主要集中在国有企业。

其二，国企加杠杆的效率下降，且地方国企是加杠杆的主力。2001—2010年，国有企业资产负债率与净资产收益率基本呈正相关，这意味着国企杠杆率的变化与其杠杆效率相匹配。2011年之后，国有企业资产负债率与净资产收益率出现背离，杠杆率持续上升的同时，净资产收益率却在不断下降。这说明国有企业加杠杆的效率在迅速降低。与此同时，地方国有企业负债增速快于中央国有企业，表明地方国有企业是债务扩张的主力。

其三，国有企业债务分布的地域差别明显，基本呈中部向周边扩散型分布。这与不同地区的产业分布有一定关系。2015年，国有企业的杠杆率以华北和关中地区为中心——北京、天津、河南、河北、山西、山东、陕西和吉林的国有企业杠杆率都超过了67.5%。围绕中心进行扩散的其他省份，国有企业杠杆率依次降低，最边缘的黑龙江、广东等省份，以及新疆维吾尔自治区的国有企业杠杆率低于59.9%。

其四，国有企业杠杆率的行业分布特征明显，且与缴税比率高度相关。2015年，国有企业中房地产业和建筑业的杠杆率最高，分别达到了72.19%和70.96%；教育文化广播业、邮电通信业的杠杆率最低，分别为39.2%和39.07%。同时，行业杠杆率整体与行业缴税比率呈正相关，这在一定程度上解释了为何地方政府会鼓励国有企业增加杠杆。

国企去杠杆的困难

国有企业杠杆率偏高不是一个新话题，但之所以迟迟不能完成去杠杆，概括来说主要有以下四点困难：

第一，国有企业的职能过多，背负了额外的负担。这种负担主要体现为三个方面。一是稳定税收。国有企业贡献了大量的国家税收，其每100元营业收入的纳税额是8.55元。相比之下，私人企业的是3.02元，外资企业的是3.03元——国有企业的税赋为其他企业的2.8倍之多。二是稳定就业。实际上，国有企业创造就业的效率要低于私营企业，但是稳定内部就业的压力迫使国有企业要从事很多非核心业务。例如，武汉钢铁（集团）公司办养猪场的目的是“充分利用富余的后勤人员，解决职工就业问题，履行社会责任”。三是稳定投资和GDP。国有企业的投资效率和GDP创造能力并不比私营企业更有效率和优势。但在特殊时期，地方政府与国有企业更容易达成默契，国有企业因此成了政府部门实施逆周期调控的核心主体。

第二，国有资产处置敏感。去杠杆意味着资产和负债两端同时承压。其中，资产端的压力主要体现为国有资产处置比较敏感。一方面，处置国有企业资产的过程如果不顺利，就会出现“旧账变新账”的情况，这对国有企业的责任人会产生负向激励。另一方面，任何资产处置都对应着沉没成本的流失，而沉没成本、估值损失等是阻碍国有企业资产处置的重要障碍。因此，国有资产流失也一直是非常敏感的话题，因处置资产而引起的资产变现价值下降，是对国有企业负责人的另一个负向激励。

第三，国有银行部门面临较大的损失压力。除了资产端面临阻力，国有企业的负债端也面临巨大压力，因为国有企业的负债主要对应着国有银行的资产。国有企业通过处置资产而承受的损失，部分可以自身消化，但仍有相当部分要传导到国有银行部门，形成不良贷款。当前，大型国有银行在金融监管强化的背景下已经苦不堪言，承担着较大的资本金压力。因此，国有银行部门为了规避不良贷款，不会积极配合国有企业去杠杆。地方性银行更是如此，他们的客户主要是地方国有企业，而地方国有企业又是最近一轮加杠杆的主力。这些地方性银行的抗风险能力本身就弱，在国有企业去杠杆的过程中，承受的压力尤其大。

第四，国有企业去杠杆过于追求效率，反而导致效率下降。根据《国务院关于促进创业投资持续健康发展的若干意见》(国发〔2016〕53号)，降杠杆要充分考虑不同类型行业和企业的杠杆特征，分类施策，有扶有控，不搞“一刀切”。然而在政策落实的过程中，各方都会在分类施策的标准中找到对自己有利的解释，进而导致分类处置的结果是“都不用处置”，稳妥有序的初衷产生了效率低下的后果。此外，去杠杆只是一种手段和过程，最终目的是通过降低国有企业杠杆率，促进国有企业改革和提质增效。然而，当前在推动去杠杆的过程中，部分领域和部门把去杠杆从手段变成了目的。当前以“明股实债”的形式推动的“债转股”就是最好的例证。虽然企业通过把债权变为股权的方式在名义上降低了杠杆率，但股权要求的回报往往要高于债权，这反而增加了企业的流动性压力。这种去杠杆是典型的本末倒置，无助于推进国有企业改革和提质增效。

针对上述困难，笔者认为应该从四个方面推进国有企业去杠杆。第一，要在控制增量的基础上处置存量。在严格控制新的债务增量的基础上，对存量债务可以通过分类管理、区别对待、逐步化解的原则加以处置。忽视增量指标，只会鼓励企业避重就轻，借新还旧，不解决实质问题。第二，鼓励国有企业自查历史坏账，然后由中央管理部门集中处置。清理坏账是一个伴随着剧痛的过程，不仅伴有一定的政治风险，有时还要付出惨痛的经济代价。由中央管理部门集中处置，可以有效规避国有企业负责人面临的负向激励问题，提高清理历史账务效率。第三，兼顾杠杆率的水平和效率，区分杠杆的“好”和“坏”。评估债务的可持续性要同时兼具三重维度：一看杠杆率水平，二看企业的赢利能力，三看融资成本。单看其中任何一个，都会有失偏颇。区分杠杆的“好”和“坏”，也就是要在杠杆率的基础上，考察企业的收益率水平和融资成本，好的杠杆可以保留，甚至依据需求进行增加，坏的杠杆则对其进行有序的压缩。第四，积极化解不良贷款，及时补充银行资本金。银行主动剥离不良贷款是化解债务风险的有效方法，对此，可以通过资产证券化、不良资产转让等多种方式化解不良贷款。同时，这一过程中银行会承受一定程度的资本金损失，财政部门应及时补充银行系统的资本金，如发行特别国债筹集资金、允许银行发行优先股等。

债转股不宜成为降杠杆的主要手段[①]

当前，中国经济正面临诸多挑战，杠杆率过高正是其中之一。从杠杆率的结构来看，非金融企业部门的杠杆率过高是中国杠杆率的最主要特征。为了有效降低非金融企业的杠杆率，减轻企业债务负担，国务院于 2016 年 10 月 10 日下发《关于积极稳妥降低企业杠杆率的意见》（下文简称《意见》）及附件《关于市场化银行债权转股权的指导意见》（下文简称《指导意见》），明确要以市场化、法治化的方式降低企业杠杆率。

《意见》一经发布就引起了市场和学界的广泛解读，有的观点认为新一轮的大规模债转股即将启动。学界和业界之所以如此重视债转股，主要是因为国务院同时给出了有关债转股的《指导意见》。从《指导意见》的内容来看，有相当多的内容涉及债转股过程中应避免的问题，包括“银行不得直接参与债转股”“政府不得直接干预”，明确不能参与债转股的企业范围等。因此，不能把《指导意

① 本文写作于 2016 年 10 月。

见》的出台单纯地理解为政府在鼓励实施债转股。

笔者认为，此次《意见》的重点应是降杠杆，债转股只是实现该目标的手段之一。《意见》给出了7种降低企业杠杆率的主要途径，包括兼并重组、盘活资产存量、加大金融支持等，而债转股只是其中之一。同时，鉴于大规模实施债转股将面临许多问题，故不宜把它当作降杠杆的主要手段。原因有以下几个方面：

第一，债转股的供需将严重不匹配。按照市场化原则，实行债转股的企业理应是优质企业，只是暂时遇到了困难。如果能循此逻辑实行债转股，企业能够降低债务负担，获得喘息之机。待企业经营恢复之后，银行可以获得不菲的股权收益，从而避免最初选择债务清算而造成的损失。《意见》也给出了实施市场化债转股的企业应满足的条件，如“技术先进”“产品有市场”“信用状况较好”等。然而，目前中国最需要债转股的企业并不是这些优质企业，而是那些产能过剩行业和效率低下的企业。这些企业的股权价值并不高，银行和其他第三方机构不会首先选择债转股。如此一来，市场化的债转股就会面临严重的供需不匹配——能够债转股的企业不需要转，而需要债转股的企业不能转。与此同时，这也意味着若坚持按照市场化原则实施债转股，最终完成债转股的企业会比预计的要少得多，绝大多数企业还要通过其他的途径降低企业杠杆率。

第二，债转股的潜在规模过大。如果把债转股当成降杠杆的主要手段，那么高杠杆行业和企业自然就是债转股的重点对象。此时，债转股的实质就是进行债务减免，目标是让这些企业在完成债转股后能够正常还本付息。照此逻辑，我们可以大致测算出债转股的潜在规模。

以钢铁行业为例。根据国家统计局公布的数据，2015 年年末，钢铁行业总负债约为 4.37 万亿元。2015 年，钢铁行业的息前净利润大致为 1 667 亿元（用“利润总额加财务费用”进行估算）。如果这些利润都用来偿还负债利息的话，那么按照 2015 年 6.2% 的平均利率测算，钢铁行业理论上可以承受的负债上限为 2.69 万亿元。实际负债比理论负债上限多出的 1.68 万亿元，就是钢铁行业的潜在债转股规模。按照同样的方法可以算出，煤炭和炼焦这两个行业对应的潜在债转股规模分别为 1.62 万亿元和 0.56 万亿元。仅这三个行业对应的潜在债转股总规模就达 3.86 万亿元——无论是中国的银行部门，还是第三方机构，都难以承担如此大规模的债转股。

第三，债转股缺乏完善的退出机制。《意见》明确规定银行不得直接将债权转为股权，只能先将债权转让给第三方机构，让第三方机构成为企业的股东。从上一轮的债转股实践来看，股权持有机构的主要退出机制并非股权受让。那些最终能减少亏损甚至实现盈利的债转股项目，主要是通过出售企业拥有的土地资源，获得土地增值收益来实现的。就目前的情况来看，本轮的债转股显然很难再通过这种方式退出。与此同时，中国目前尚未形成完善的多层次股权交易市场，一旦债转股规模过大，获得股权的第三方机构就很难利用现有的市场体系正常退出、完成股权的二次转让和变现。

第四，债转股只是短期的权宜之计，面临着巨大的道德风险。理论上讲，并不存在判断杠杆率过高的绝对依据。如果一个企业有很强的赢利能力和充沛的现金流，那么加杠杆就是扩大经营规模的合理手段和必要途径。因此，企业创造利润的能力决定了企业能够承担的债务规模。债转股可以在较短时间内减少企业债务水平和利息负担，但无助于提高企业的经营能力。更有甚者，大规模地实施债转股很可能会面临巨大的道德风险。一旦债转股成为企业降杠杆的普遍选择，企业就可以轻易减少负债，这反而会削弱企业改善内部管理、完善激励机制的动力，也就无法从根本上解决企业杠杆率过高的问题。

总而言之，债转股只是降杠杆的手段之一，且在实施过程中面临诸多限制，因此不宜作为降杠杆的主要手段。短期内，中国应配合使用扩张性的财政政策，以稳定整体债务规模、调整债务结构为主要任务。与此同时，中国要继续深化国有企业改革，促进金融部门更好地为实体经济服务，多管齐下，综合应对企业杠杆率过高的问题。

金融去杠杆，实体稳杠杆[①]

早在2016年的中央经济工作会议上，中央就已经表明，防风险是2017年的经济工作重点之一。2017年7月召开的全国金融会议上，中央提出“要推动经济去杠杆……要把国有企业降杠杆作为重中之重，抓好处置‘僵尸企业’工作”。目前，去杠杆在相关领域正快速推进，但仍存在一些问题。

根据已有的政策实践，我们可以将去杠杆分为两个层面：一是金融部门去杠杆，二是实体部门去杠杆。金融部门去杠杆的核心目标为减少金融产品的多层嵌套问题和打破刚性兑付，具体措施包括实施稳健中性的货币政策、加强监管、改革监管体制等。实体部门去杠杆的核心目标则为减少企业负债率和地方政府负债率。

从逻辑上来说，金融去杠杆的根本目的是更好地服务实体经济。多层嵌套问题的本质是监管套利，各类金融机构为规避监管互相提供通道，结果就是资金要么流向了高收益的金融资产并催生资

① 本文写作于2017年8月。

产泡沫，要么流向了实体企业，但企业承担了更高的融资成本。在这个过程中，部分金融机构还进行加杠杆操作，进一步增加了金融部门的脆弱性和系统性风险发生的概率。刚性兑付问题的存在让金融市场无法给相关的金融产品进行准确定价，因此，在国有大型企业和地方政府享受充足且廉价资本的同时，广大中小企业依然饱受"融资难、融资贵"的困扰。对此，只有坚定不移地推进金融部门去杠杆，消除监管套利，打破刚性兑付，才能让金融部门恢复正常的风险定价功能，为实体经济提供更直接、更高效的融资服务。

目前央行推进金融去杠杆的核心思路是：维持稳健中性的货币政策，在确保不发生流动性风险的前提下逐步提高利率水平，倒逼金融机构降低产品杠杆、减少嵌套结构。应该说，央行现行的策略确实打到了金融机构的"七寸"，但从政策的角度来看，金融去杠杆与实体去杠杆仍存在矛盾之处。

一方面，企业去杠杆往往要靠相对宽松的货币政策才能实现，否则容易陷入"债务–通缩"陷阱。本轮企业部门杠杆率快速上升始于2009年，大背景是央行为应对国际金融危机而推出的超宽松货币政策。宽松的货币政策会促使企业加杠杆，而紧缩的货币政策却未必能驱动企业主动降杠杆。如果货币政策过紧，企业会因为融资成本增加而面临更大的偿债压力，短期内要么选择折价出售资产，要么选择"借新还旧"。前者会带来资产价格下降并进一步恶化资产负债情况，后者会直接增加债务规模，结果都会继续推升杠杆率。因此，理想的情况是企业凭借现金流的改善逐渐偿还部分存量债务，将资产负债率调整至与未来现金流相匹配的水平。这个过程需要相对稳定且略宽松的货币政策配合，显然这与当前金融去杠杆的政策实践不匹配。

另一方面，企业部门杠杆率有鲜明的结构性特点，偏紧的货币政策或许会加剧现有的杠杆率问题。根据钟宁桦等人的研究，中国企业部门债务主要集中于国有企业和大型企业——各类中小民营企业的杠杆率并不高。为实现金融部门去杠杆，央行正利用各种创新政策工具推升货币市场利率，完成了实质上的加息过程。但是，这种加息对两类部门或企业具有不对称性：国有部门和地方政府的融资成本虽然有所提高，但民营部门的融资难度和融资成本上升得更快。这种不对称性部分是源于金融机构防风险的自身需求，部分是由于尚未打破刚性兑付。结果，不需要去杠杆的民营部门面临更大的融资压力，不得不去杠杆（清算）甚至被迫加杠杆（借新还旧）；最需要去杠杆的国有企业部门，反而可以凭借预算软约束和刚性兑付的优势继续保持较高的杠杆率。

综上所述，中国在推动经济去杠杆的同时，还应重视金融去杠杆与实体去杠杆的关系。相对于金融去杠杆，实体去杠杆要经历相对更长的时期才能完成。短期内，中国或许应采取“金融去杠杆，实体稳杠杆”的策略，在控制实体部门债务增速的基础上，将金融部门去杠杆作为现阶段的重点。

首先，央行要坚定当前稳健中性的政策立场。客观来说，中国的金融去杠杆才刚刚开始，金融机构的交易结构和行为模式尚未发生改变。只有金融机构对未来的利率和流动环境形成了一致预期，即较高的利率水平和偏紧的流动性环境保持较长时间，金融机构才会主动调整当前的杠杆率和产品结构。要实现这一点，就要求央行展现出坚定的政策立场。这不仅关系到本轮去杠杆的成败，更关系到央行的信用。目前，仍有部分金融机构抱有侥幸心理，不愿主动降低杠杆，选择与央行对赌，认为央行会迫于稳增长的压力而放弃当前的货币政策立场。一旦这种情况发生，与央行对赌的金融机构会获得极大的信心，整个金融部门也会迎来新一轮的加杠杆，且势头将难以遏制。届时央行再想推进金融去杠杆，恐怕要付出比现在大得多的成本。

其次，要尽快推进国有企业去杠杆，改善中国实体部门的杠杆率结构。一是要在严格控制新的债务增量的基础上，通过分类管理、区别对待、逐步化解的原则处置国有企业的存量债务。二是鼓励国有企业自查历史坏账，交由中央管理部门集中处置，弱化国有企业负责人面临的负向激励，提高清理历史债务效率。三是兼顾杠杆率的水平和效率，通过区分国有企业的收益率水平和融资成本，有针对性地减少国有企业债务。四是银行部门要对国有企业债务重新进行评估，通过资产证券化、不良资产转让等多种方式化解国有企业不良贷款。同时，财政部门要用多种方式及时补充银行系统的资本金，如发行特别国债筹集资金，允许银行发行优先股等。

最后，要通过推进关键领域的改革，释放经济活力，让民营企业有动力、有机会增加投资，用加杠杆的方式完成去杠杆。资产、负债和现金流决定了企业杠杆率的长期演进，在关注债务端的同时，我们还要重视资产端和现金流的优化。好的投资机会可以带来优质的资产和稳定的现金流，从而支撑当前的杠杆率，提高企业债务的可持续性。对比，中国最应该警惕的情况是民营企业主动去杠杆，因为这意味着民间资本对未来的投资前景比较悲观。与此同时，中国应尽快推动关键领域的改革，如开放服务业、放开部分垄断行业的管制，让民间资本有信心、有机会增加投资，从结构上优化当前的企业部门杠杆率。

打破刚性兑付，首要在于清理多层嵌套[①]

中国人民银行发布的《中国金融稳定报告（2017）》（以下简称《报告》）包括两个专题：一个是2016年金融稳定报告中已设有专题的存款保险制度，另一个则是新增的资产管理专题。在新增的“促进中国资产管理业务规范健康发展”专题中，央行肯定了资产管理业务“对促进直接融资市场发展、拓宽居民投资渠道、改进金融机构经营模式、支持实体经济融资需求发挥了积极作用”。同时，《报告》也指出了资产管理业务中有一些“需要关注的主要问题”，如存在流动性风险隐患的资金池操作等。

应该说，央行这次对资管业务给予了高度重视。这一方面反映出资管业务当前的发展速度和规模已经足够大，且存在的问题值得重视——若得不到解决，将成为整个金融部门的巨大隐患。另一方面，这也反映出央行未来依然要大力推进资管业务的发展，并为此搭建良好的监管框架，真正的大资管监管时代或将到来。笔者认为，央行主

---

① 本文写作于2017年7月。

导的金融去杠杆正当其时，资管业务过度发展已经给中国金融部门带来了很大的隐患，其中，多层嵌套和刚性兑付问题尤其值得关注。

刚性兑付由来已久，多层嵌套则是近几年出现的问题，两者目前均是金融行业中普遍存在的问题。刚性兑付指的是当资产管理计划到期时，资管公司要按照此前的约定返还投资者相应的本金和收益。若兑付出现问题，那么资管公司需要用自有资金兜底。多层嵌套一般指金融机构为了规避监管而相互持有资管产品的情况。

金融机构之所以大量参与资产管理业务，是因为金融机构利用资管业务包装能把表内投资转到表外投资，从而能规避准备金等相关监管要求。在某些情况下，这种转移需要经过多个金融机构，这就产生了多层嵌套问题。部分金融机构为了获得更多的收益，将拿到的资产进行抵押甚至再抵押，就完成了多次加杠杆，进而增加了信用风险。无论如何转移和嵌套，由此衍生的风险最终还是要由该金融机构承担，只是此时会涉及更多的金融机构和非金融机构。

刚性兑付的存在让金融市场无法为相关的金融产品准确定价。从资产端来看，金融机构更愿意承接预算软约束主体发行的资产，如国有企业和地方政府发行的各类债券。市场在评估这类资产时，也往往会考虑中央政府的信用，即使中央政府从没有做过明确承诺。这就导致这类资产的价格无法充分反映实际的风险，实际利率价格也存在一定程度的低估。从负债端来看，各类金融机构大量采用发行理财产品的形式从居民部门融资。由于国内的银行体系以国有银行为主，且中国从没有经历过大规模的银行倒闭，居民部门往往对银行体系的信用过于信任。因此，居民部门容易将理财产品等同于普通存款，形成刚性兑付预期，对相关产品的实际风险存在明显的认知不足。

资产端和负债端的双重刚性兑付问题严重困扰了中国金融市场的定价功能。随着中国金融市场化改革的推进，打破隐形刚性兑付和刚性兑付预期势在必行。打破刚性兑付意味着风险的充分释放，金融部门的资产负债表要面临重大调整。在正常情况下，这往往只会涉及债权和债务双方——只需要双方达成新的债务重组协议并对风险进行重新定价即可。但是，当打破刚性兑付遇上多层嵌套，债权、债务双方中间夹杂了多个金融机构，这时候资产负债表的调整就会变得非常复杂。

在当前的资管行业中，各金融机构间的通道业务类型特别常见。有一个大致的数据可以佐证：根据《报告》提供的数据，截至 2016 年年末，银行表内、表外理财产品资金余额分别为 5.9 万亿元、23.1 万亿元；信托公司受托管理的资金信托余额为 17.5 万亿元；公募基金、私募基金、证券公司资产管理计划、基金及其子公司资产管理计划、保险资产管理计划的规模分别为 9.2 万亿元、10.2 万亿元、17.6 万亿元、16.9 万亿元、1.7 万亿元。剔除交叉持有的因素后，各行业金融机构资产管理业务总规模为 60 多万亿元。这里的交叉持有因素，主要就是多层嵌套。用资产管理总规模减去 60 万亿元，可知在金融体系内部因通道业务而出现的资产管理业务规模达 40 万亿元左右。

从合规的角度来说，单独考察某个资管计划的具体环节可能都符合资管要求，但是经过层层嵌套加杠杆之后，金融机构之间的关联性越来越强，金融部门内部的风险积聚得越来越高。在打破刚兑的过程中，我们要警惕可能诱发的风险及传导路径，如通道业务过多、过于复杂，会导致无法穿透监管，结果就是打破一个刚性兑付会牵连一批机构。

因此，打破刚性兑付先要处理多层嵌套问题。首先，监管部门应加快穿透式监管的推进，尽快厘清复杂的嵌套结构。与此同时，监管部门应设定明确的处置标准，对于超过标准的资管业务，要在自主协商的基础上限时整改，部分情况下可引入监管介入。其次，在化解存量风险的基础上，严控增量资管业务的质量。一方面，要重视资管产品的结构，避免出现新的复杂嵌套产品，加剧金融空转的情况；另一方面，要打破资产和负债两端的刚性兑付问题，合理为资管产品设定定价标准。第三，在打破刚性兑付的过程中，央行要提供充足的非廉价流动性，避免局部风险乃至系统性风险的出现。白芝浩原则[①]除了强调央行的最后贷款人身

---

① 白芝浩原则（Bagehot's Dictum）:《经济学人》传奇总编沃特·白芝浩（1860—1877 年在任）在著名的《伦巴第街》中提出的一个原则：在金融危机中，银行应当慷慨放贷，但只放给经营稳健、拥有优质抵押品的公司，而且要以足够高的、能吓走非急用钱者的利率来放贷。——编者注

份，还强调要收取合格抵押品和惩罚性利率。几乎所有的金融危机都始于流动性风险。在推进金融部门去杠杆的过程中，资管业务融资会面临较大困难，融资成本也会提升。对此，央行要及时向市场注入非廉价流动性，确保在保持金融市场稳定的同时彻底打破刚性兑付。

去杠杆初现成效，仍需标本兼治[①]

自 2015 年年底中央经济工作会议将去杠杆作为五大重点工作任务之一后，中国全社会杠杆率引起了政府和业界的高度关注。目前，去杠杆已经取得了初步成效，主要体现为三点。其一，总体杠杆率有所下降。根据国际清算银行（BIS）数据，截至第一季度末，中国总体杠杆率为 257.8%，同比增幅较上季度末下降 4.7%，连续 4 个季度保持下降趋势。其二，信贷增速得到控制。自 2016 年以来，M2 同比增速快速下降，已经连续 5 个月低于 10%，这一现象为近 30 年来首次出现。其三，金融部门内部加杠杆的趋势得到有效遏制。2017 年以来，银行间同业债权以及银行对非银行金融机构的债权增速大幅下降，资金在金融部门内部空转的情况也有所缓解。

中国的杠杆率问题是一个典型的结构性问题。根据《中国去杠杆进程报告（2017 年第二季度）》中的数据，2017 年第二季度，我国居民部门杠杆率依然延续上升趋势，从第一季度的 46.1% 上升到第二季

---

① 本文写作于 2017 年 12 月，作者为何帆、朱鹤、郑黄剑锋，原发表于《金融博览》。

度的 47.4%，共上升了 1.3 个百分点，整个上半年上升了 2.6 个百分点。相对于政府部门和居民部门，市场和政府更关心中国的非金融企业部门杠杆率的变化。中国非金融企业部门的杠杆率比较高且一直呈上升趋势，甚至 2016 年非金融企业部门债务与GDP之比达到 144%。进入 2017 年之后，非金融企业部门杠杆率有所下降——第二季度非金融企业部门债务与GDP之比较第一季度下降了 1.4%。

中国非金融企业部门杠杆率的下降同样表现出了结构性特点。推动非金融企业部门杠杆率下降的主要动力来自上游行业。2017 年第二季度，上游行业债务与GDP之比较第一季度减少了 2.3%，超过整个非金融企业部门在第二季度的降幅。从资产负债率的角度来看，2016 年以来，上游行业资产负债率持续上升的趋势得到了显著抑制，稳定在 70%左右，在 2017 年的前 9 个月更是下降了 1.5 个百分点。与之相比，下游行业的债务与GDP之比和资产负债率在 2017 年以来反而略有上升。

导致上游行业非金融企业部门杠杆率下降的主要因素是上游利润的快速回升。2017 年以来，上游行业利润经历了超高速增长，利润总额同比增长远超过中下游行业。在这些上游行业中，煤炭行业最为典型。快速增长的利润既通过现金流的改善缓解了上游行业的偿债压力，又通过降低债务增速，减缓了债务积累速度。这两方面的力量直接体现为上游行业的债务水平和杠杆率的持续下降。

综上可知，一方面，当前去杠杆已经取得一些成果，并表现出了一定的趋势性；另一方面，杠杆率的下降表现出典型的结构性特征，且可以被众多短期因素所解释。从短期来看，上游行业利润回升的可持续性存疑。在终端需求持续疲弱的情况下，上游利润增加的实质是对中下游行业利润的占取。这非常不利于下游行业去杠杆，甚至还会出现因债务积累而出现的被动加杠杆，导致杠杆率恶化。从长期来看，造成债务积累的根本因素仍然没能彻底解除，包括国有企业预算软约束、金融体系层次性不够、民营企业“融资难、融资贵”等。因此，为促使持续、稳健且可控的去杠杆趋势真正形成，需要三管齐下，标本兼治。

一是要认清去杠杆的长期性，坚持动态去杠杆。从静态角度考虑，杠杆率涉及两个核心变量，即负债和资产。做大资产和减少负债都可以实现去杠杆的目的。在短期内，能只改变一端而确保另一端不发生变化的方法非常有限，比较典型的是债务减免和财政注资。但是，从全社会的角度来看，这些措施实质上都是杠杆在不同部门间的腾挪，而不是真正的去杠杆。因此，成功的去杠杆一定是在发展中完成的。一方面，要促进企业特别是国有企业，以提高资产质量的方式增加资产收益率；另一方面要调整负债结构，同时减少企业负债成本，减缓债务积累速度。

二是要基于杠杆的可持续性，实施结构性地去杠杆。自始至终，去杠杆的主要战场都是集中在上游行业和国有企业。从债务存量和资产负债率的角度来看，多数中下游行业和民营企业的杠杆率水平并不高。与此同时，要客观看待中国居民部门的杠杆率问题。有观点认为，虽然和发达国家相比，中国居民部门的杠杆率的绝对水平并不高，但近年来增速较快，值得警惕。从结构来看，居民部门的债务主要是以未来现金流为依托的中长期债务，短期债务占比并不高。据初步测算，2017 年居民部门为偿还各类债务而需要偿还的本息占居民部门可支配收入的 8% 左右，整体偿债压力并不大。当然，个别重点城市因房价快速上涨而积累了大量来自居民部门的抵押贷款，有可能存在偿债风险，需要配以相对多的监控。总的来看，无论是存量还是增量，居民部门的债务可持续性都会更强，不宜成为去杠杆的主要领域。

三是推进相关领域的体制改革，化解长期债务风险。在去杠杆的初期，由于各种制度因素的存在，依靠市场机制无法开启去杠杆进程，此时政府的介入有一定的合理性和必要性。政府可以通过各种政策实现部分行业的短期利润回升，也能在一定时期内完成杠杆在不同部门间的腾挪，但这些并不能从根本上化解长期债务风险。中国债务的长期风险在于各部门偿债能力出现持续恶化。因此，要化解中国的债务问题，就必须在国有企业改革、建设多层次的金融体系等方面有所作为。归根结底，杠杆率水平只是一个现象，也没有绝对标准来衡量其高低。如果单纯追求杠杆率的下降而忽略了消除造成杠杆率过高的制度因素，那么从长期来看，这种去杠杆或许会损害中国的经济效率和活力。

金融开放宜缓不宜急[①]

国务院印发的《关于促进外资增长若干措施的通知》(以下简称《通知》)指出,“要进一步扩大市场准入对外开放范围”,其中包括“进一步推进银行业、证券业、保险业等领域的对外开放”。《通知》引起了市场的广泛重视和讨论。笔者认为,《通知》的重点是要释放继续开放市场的信号,同时通过加大引入外资来对冲资本流出。开放市场的着力点虽未必要选择金融市场,但金融市场应该优先对国内资本开放,并结合金融部门改革共同推进。

上一轮金融机构大规模引进外资发生在2004年前后,范围主要集中于银行部门。当时的几大国有银行(中国工商银行、中国银行、中国建设银行和中国交通银行)曾引入过战略性投资者,其目的是帮助这几大银行在剥离不良资产后在香港上市。除了引入资本以充实资本金,上一轮引入境外投资者还有一个重要目的,即引进国际化的金融技术、业务模式和管理理念,提升本土金融机构的经

① 本文写作于2017年12月。

营管理效率。

中国交通银行是中国第一家引进境外战略投资者的国有大型股份制商业银行，其引入汇丰银行作为战略投资者，与汇丰银行就信用卡业务合作、技术支持和协助、许可领域签署了相关的战略合作协议。中国建设银行于2005年与美国银行和富登金融建立了战略合作关系，旨在凭借美国银行的优势，特别是在风险管理及个人银行、产品专业知识、技术及经验方面的实力，支持和促进自身业务快速发展。中国银行于2005年与RBS集团（苏格兰皇家银行集团）、亚洲金融等多家机构签订了多项战略合作协议，旨在改进包括公司治理、信息技术及人力资源培训等业务的管理。中国工商银行则于2006年与高盛集团、安联集团及美国运通银行建立了非排他性的战略合作关系，力图改善工商银行在公司治理、风险管理和银行业务开发等方面的业务水平。

2000—2008年，除了银行业，中国也在持续扩大其他金融行业的对外开放。2001年，中国加入WTO之后，中国金融市场的开放速度进一步加快。从银行业来看，中国修订和颁布了一系列关于银行业对外开放的法律法规和部门规章：2003年颁布的《境外金融机构投资入股中资金融机构管理办法》使得外资银行入股中资银行有了法律依据；2006年颁布的《中华人民共和国外资银行管理条例》则保证了银行业在对外开放时能够稳定有序推进。从证券业来看，2002年实施的《外资参股证券公司设立规则》，为外资参股中资证券公司打开了大门；2003 年 QFII（合格的境外机构投资者）的推出直接加速了外国投资者进入中国资本市场的步伐；2006 年实施的《外国投资者对上市公司战略投资管理办法》，使得证券业继银行业之后也引入了一批战略投资者。

从实际效果来看，QFII 投资额度由 2003 年 6 月初的 3.5 亿美元增长到 2008 年年底的 134.43 亿美元。从保险业来看，寿险和非寿险的经营领域和业务范围也逐步放开：中外合资保险公司由 2003 年的 20 家增加到 2008 年的 48 家，外资保险公司资产由 2004 年的 413.05 亿元增加到 2008 年的 1 524.9 亿元，外资寿险公司收入由 2004 年年底的 84.3 亿元上涨到 2008 年的 360.9 亿元，而外资财险公司收入由 2004 年年底的 13.6 亿元上涨到 2008 年的 28.9 亿元。直接投资方面，2000 年外商在华投资的金融企业数量仅为 74 家，对中国金融行业直接投资额仅为 0.77 亿美元；到了 2008 年，外商在华投资的金融企业数量增长到了 3 977 家，直接投资额增加到了 5.73 亿美元。

可以看出，2000—2008 年，中国在引入外国资本的同时，更强调管理经验和技术方面的合作。得益于此，四大国有银行的经营效率获得了极大改观，机构变得更有效率也更国际化。同样的情况也发生在其他引入外资的金融机构。因此，金融行业对外开放的最终目的并非单纯引入资本以对冲资本外流或者充实资本金，而是要通过资金流动带动技术和管理经验的引入，从根本上提升金融机构的效率。

金融危机后，中国金融市场对外开放速度一度减慢，但国内金融领域开启了一轮全新的市场化改革。这场改革以利率市场化为主要标志，各部门放松监管，金融行业实现了一场前所未有的繁荣。2013 年，中国金融业增加值占GDP的比例首次超过美国，于 2015 年超过英国。2015 年，中、美、日、英四国的金融业增加值占比分别为 8.4%、7.2%、4.4%、7.2%——中国已超过另外三国。但与此同时，中国金融行业也积累了大量问题，集中体现为金融机构杠杆率过高以及资本“脱实向虚”。

为了解决金融行业的问题，化解金融行业的风险，中国金融部门正在展开一场针对“去杠杆”的攻坚战。一方面，整个金融部门都要主动或被动去杠杆，由此带来的利润压力非常大。现有金融机构若继续通过引入外部投资者充实资本金的方法来实现开放，很难想象这些股权能够卖出好价钱。同时，截至 2017 年 7 月，中国金融类上市公司通过QFII 制度引入的外资比例并不高，继续发挥QFII 渠道作用远比另起炉灶要简单。另一方面，国内金融体系“上至监管、下至交易”都正处于重大变革之中，此时直接打开国门让国外金融机构进入中国，恐怕这些金融机构也很难适应，免不了“叫好不叫座”。如果引入的外资并没能形成真正的直接投资，而是通过其他渠道流入二级市场参与金融资产的交易，还会对中国的金融稳定造成冲击并留下资本外逃的隐患。

从这一点出发，当下中国金融领域的开放宜缓不宜急。与其在金融行业仓促引入境外投资者，倒不如加快开放国内服务业领域的进程。许多重要的服务业仍存在比较明显的供给不足，如环境保护、医疗健康、养老等。这些服务业大多与民生直接相关，且多数都是人力资本密集型的中高端服务业。通过放开对这些服务业的管制，不仅可以有效补充公共服务的供给不足，还能有效释放这些服务业发展带来的经济活力。从全局来看，金融开放只是一个环节，不必作为开放的着力点，而真正的重点是深化服务业领域的行政改革，放松管制，激发民间资本参与服务业，最终带动中国经济的整体转型。

打开金融开放之门[1]

——兼评《2017·径山报告》

国务院发文明确提出要“进一步推进银行业、证券业、保险业等领域的对外开放”，引起了市场和学界对金融开放问题的广泛讨论。在这些讨论中，中国金融四十人论坛发布的《2017·径山报告》值得重视。

这份报告的主题是“积极、稳健地推进中国金融开放”，重点围绕中国金融开放的现状和问题进行讨论分析，并形成了重要的政策建议。应该说，这份报告对金融开放相关议题的讨论兼顾了深刻和全面两个维度，是近年来少有的能系统梳理中国金融开放进程和问题的研究。其中，“在进一步开放跨境资本流动的大前提下，适度的、临时性的跨境资本流动管理可能有利于维持金融稳定和增强货币政策独立性”的判断尤为重要。

全球金融危机之前，学术界曾对金融全球化给予非常高的期

---

① 本文写作于2017年10月。

望。美国著名的金融学家弗雷德里克·米什金曾在《下一轮伟大的全球化》中力挺金融全球化。在这本书里，米什金列举了很多金融全球化的益处，包括能够促进经济发展、促进创新等。但是，次贷危机让大家意识到，金融全球化也不一定会促进经济增长，还有可能会加剧风险的爆发力度并在国家间蔓延。于是，2008年全球金融危机之后，主流经济学家对金融全球化的反思越来越多。

事实上，在东南亚金融危机爆发之后，关于金融全球化的质疑声音就已经开始出现。20世纪八九十年代，泰国经济经历了高速增长。为了进一步吸引国际资本参与到国内建设中，泰国政府放开了对资本项目的管制。资本项目的完全开放意味着失去了控制短期资本跨境流动的屏障。此后，大量国际资本流入泰国。这些资本开始是流入实体经济，后来逐渐开始炒房、炒股。等到泰国经济出现问题，各类资本突然快速流出泰国，对泰国的金融市场造成巨大冲击。对此，泰国政府试图用外汇储备来对冲资本流出，抵御投机者的冲击，但最终宣告失败，不得不允许泰铢大幅贬值。至此，东南亚金融危机拉开序幕。随后，韩国、马来西亚、印度尼西亚等国家，都先后步了泰国的后尘，成为国际资本攻击的目标。反观当时的中国，由于实施了严格的资本管制，短期资本不能自由出入，因此躲过了国际游资的攻击。

事后再来看，这些国家的内部经济结构存在着明显的扭曲，同时国内宏观经济政策亦出现了失误，这都是最终导致金融危机的根源。但是，过早过快地推进金融全球化、开放国内资本市场同样是导致东南亚金融危机爆发的重要因素之一。这一点得到了国内外众多学者的认同。此后，哈佛大学经济学家丹尼·罗德里克2006年在北京大学开展的一场讲座中，明确提出“发达国家，尤其是美国，需要认同对资本流动的谨慎限制。对发展中国家而言，管理好资本账户是促进发展的关键措施”。这一观点同样出现在他2011年写的《全球化的悖论》一书中。与罗德里克观点一致的还有国际贸易专家贾格迪什·巴格瓦蒂。巴格瓦蒂是自由贸易的坚定支持者，但是他认为商品的全球化和金融的全球化在逻辑上是不一样的，所以他支持自由贸易的同时，反对资本的自由流动。英国金融服务管理局前任局长阿代尔·特纳爵士和英国央行前行长默文·金也在2008年国际金融危机后对金融的过度自由化和盲目创新提出了批评。

既然金融开放不总是好的，那么中国就有必要反思金融对外开放的收益和成本。一方面，中国国内的金融市场体系以国有、大型金融机构为主，明显缺乏竞争。同时，金融市场的层次性不强，银行业一家独大，非银行金融行业发展不足。此外，也有一些金融配套行业没有跟上，比较典型的是征信行业和评级行业。在这种情况下，如果逐渐开放国内的金融市场，可以通过强化竞争的方式提高国内金融市场效率，有利于国内整个金融生态系统的建立。在强大的竞争压力面前，国内金融机构或许不得不推进实质性的业务和治理结构改革，提高经营效率，而这又会促使国内金融系统变得更有效率，提高国内金融体系的抗风险能力。

另一方面，金融行业的开放或许不得不要求资本项目的开放来配合。但资本项目的开放会带来很多潜在风险，特别是大规模短期资本的流入和流出，不仅会影响国内金融市场的稳定，还可能会给整个国民经济带来不必要的波动。在国内投资回报率持续下降的背景下，即使是长期资本的流入也值得关注，因为这些资本可能通过多种方式流入资本市场，对国内各类资产价格造成影响。

总之，在当前阶段，中国推进金融开放可谓是有利有弊。有利的一面主要集中于金融行业的开放。经过几十年的发展，中国本土金融机构的竞争力在持续提高，不必过度担心国外金融机构进入中国后可能带来的冲击。不利的一面则重点体现为放开资本管制对国内经济可能造成的影响。在推进金融开放的过程中，中国要平衡金融开放的利与弊，在充分发挥金融开放正向效应的同时，审慎管控可能存在的风险。

平衡金融开放利弊的实质是平衡监管思路。全球金融危机之后，在世界范围内出现了不同程度的逆全球化的趋势——各国的贸易保护主义、金融保护主义日益抬头。客观来说，传统的自由放任式的全球化已经无法持续。连续两次金融危机早已证实，金融全球化的风险被大大低估了，各国需要一个缓冲带来阻挡外部金融市场的冲击。但是，如果退回封闭僵化的老路，每个国家各“修一堵墙”，将外界隔离开，恐怕也不太现实，因为这样会极大地阻碍国家之间的交流，国内经济的活力也会大大降低。

对此，一个折中而适当的策略是“修一扇门”。“修门”的思路在于所有的对外交易都要从“门”里经过，但“门”是敞开的。与“门”相比，“墙”对交易是具有排斥性的，同时非常不灵活，对此，“修门”的优势显而易见。具体来说，“修门”的思路有三个显著的优势：

其一，“门”的存在既保证了国家可以随时监控资本的有序流动，又避免了在“墙”存在的情况下，正当的资本为了流动而不得不选择“翻墙而逃”。其二，“门”的存在保留了国家在关键时刻把“门”关上的权力，例如，在出现大规模资本外逃的时候加强资本管制。2008 年国际金融危机爆发之初，许多国家纷纷实施了不同程度的资本管制。在这些国家中，既有发展中国家，如韩国、巴西、印度、墨西哥、南非、俄罗斯、波兰等，也有发达国家，如法国和德国。当然，这样的“关门”政策应该是暂时性的策略。其三，“门”的存在让监管部门和市场沟通更容易。如果能够用“修门”的思路替代“修墙”的政策，那么在危机时期政府把“门”关上，更容易获得市场的理解，因为市场能够预期这只是短期的措施，而不是长期方向的转变。这样可以更有效地减少市场上的恐慌情绪。

在新的形势下，中国要用新的思路推进金融开放。质言之，中国要打开一扇金融开放之“门”，通过“门”来实现新时期的金融开放。与此同时，中国还要给出明确的“关门”规则和具体做法，让市场和金融机构更准确地了解监管当局的意图，从而实现市场和监管部门的有效互动。

第三章

全球央行货币政策

加入SDR将开启人民币资产的大时代[①]

2015年以来，关于人民币能否加入SDR（Special Drawing Right）的讨论就一直持续不断。近期，人民币加入SDR的进程出现了重大转机——国际货币基金组织总裁克里斯蒂娜·拉加德发表声明，明确支持人民币加入SDR。这份声明指出，IMF（国际货币基金组织）的工作人员经过评估认为，人民币符合“可自由使用”货币的要求，因此建议执行董事会认定人民币可自由使用，并将人民币纳入特别提款权篮子。美国和日本对待这一问题也呈现出积极的姿态：美国财政部发言人近期表示，只要人民币满足IMF的条件，美国政府就支持人民币加入SDR；日本财务大臣麻生太郎也明确表示，“人民币根据规定新晋为全球性货币不是一件坏事”。

---

① 本文写于IMF刚刚宣布SDR篮子纳入人民币之际（2015年11月），主要目的是从量级上估计人民币作为国际货币的潜力。近两年，人民币资产得到国际投资者的广泛认可。根据中债登和上清所公布的最新数据，2017年9月，境外机构持有人民币债券规模达10 421.52亿元，首次突破万亿元关口，创历史新高。由此观之，当时将人民币与日元做对比或许真的偏保守了。随着中国金融开放的持续推进，人民币的国际地位会继续上升，人民币资产的大时代已经到来。

因此，从目前情况来看，人民币加入SDR是大概率事件。但是，对于人民币加入SDR的影响，学界和市场却看法不一。有的观点认为，人民币被纳入SDR更多是象征意义，表明人民币国际化程度进一步加深，但不会带来实质性的好处。也有观点认为，人民币加入SDR带来的好处是间接的，这种间接性主要体现为通过人民币加入SDR，中国能用国际规则倒逼国内金融市场改革。

本文首先测算了人民币加入SDR之后，因成为储备资产而产生的人民币资产增加值。然后，本文重点从市场需求的角度，对人民币加入SDR之后人民币资产的市场份额的变化进行估算。在此基础上，我们给出了未来可能出现的政策变化。

人民币加入SDR的储备资产效应可以忽略不计

要弄清人民币被纳入SDR到底能带来多大的影响，首先要明确SDR的主要功能。所谓SDR，是国际货币基金组织创设的一种储备资产和记账单位，也叫“纸黄金”（Paper Gold）。当国际货币基金组织的会员国出现国际收支逆差时，可利用这种权利向基金组织指定的其他会员国换取外汇，以偿付国际收支逆差或偿还基金组织的贷款，也可与黄金、自由兑换货币一样充当国际储备。SDR其实是一个“货币篮子”。每隔5年，国际货币基金组织会根据各国货币在国际贸易和国际金融市场上的地位决定是否加入新的货币，同时调整篮子货币的权重。货币篮子的选择标准是该货币在国际贸易和国际金融市场的重要程度。

从SDR的主要功能可以看出，货币一旦被纳入SDR，就相当于自动成为全球各国持有的外汇储备资产，本文称这种影响为“储备资产效应”。目前，加入SDR的货币共有四种，分别是美元、欧元、英镑和日元。根据国际货币基金组织公布的最近一次调整结果，经过换算后，当前美元、欧元、英镑和日元在SDR的权重分别为41.9%、37.4%、11.3%和9.4%。

按照最新的汇率折算之后，1个单位SDR的价值大致相当于1.4美元。根据IMF公布的数据，截至2015年第二季度，全球共有11.46万亿美元规模的外汇储备。同时，截至2015年10月，IMF各成员国的SDR配额约为2 040亿份。按照1 ∶ 1.4折算后，全部SDR的资产规模相当于2 800亿美元，约占全球外汇储备的2.4%。如果人民币刚加入SDR就能获得与日元同等的地位，也就是接近10%的权重，那么所对应的资产规模大约为280亿美元，约为全球外汇储备的0.24%。从这点来看，人民币加入SDR的储备资产效应确实不大。

承认人民币的强势地位或催生巨大市场需求

一旦人民币被纳入SDR，在一定程度上就实现了IMF和官方机构对人民币的背书，人民币也就成为被正式承认的强势货币。这不仅是对中国经济实力的认可，还有利于增强市场对人民币的信心。这种信心会催生市场对人民币资产的配置需求。目前，市场上各类投资基金和对冲基金都对此非常感兴趣，也就是说，一旦人民币被纳入SDR，国际市场上就会出现对人民币资产的供求缺口。

那么，这个对人民币资产的供求缺口究竟有多大呢？为了估算这一缺口，我们可以根据现有的四种强势货币，即美元、欧元、英镑和日元在不同金融市场上的份额比例加以估计。

首先来看国际债券和票据。根据国际清算银行（BIS）提供的数据，截至2015年第二季度，国际债券和票据未偿余额总额约为20.67万亿美元，以美元计价的国际债券和票据未偿余额为8.81万亿美元，占比最高，约为42.66%，其次是欧元、英镑和日元，占比分别为39.16%，9.62%和1.95%。从顺序上看，这与SDR的权重排序完全一致。值得注意的是，从占比结构来看，美元、欧元和英镑的占比与SDR的权重基本吻合，只有日元表现出明显的偏差。

显然，这种相关性不会是单纯的巧合。不难看出，以上两类指标都是一国货币国际地位的反映。一国货币地位越强，就越容易在国际债券和票据中成为计价货币，这也同样会反映到SDR的权重上。因此，两类指标的共同决定因素，其实就是强势货币的相对地位。上文的分析已提及，人民币加入SDR，就等于被正式承认为强势货币。结合下一步人民币在SDR中的初始份额，我们就能估算出未来以人民币计价的国际债券和票据未偿余额占比。

关于人民币在SDR中的初始份额，不同的机构给出了不同的估算结果。英国安石集团（Ashmore Group）估计，IMF将在这个篮子中给予人民币大约13%的份额，而彭博经济学家陈世渊（Fielding Chen）和亚洲首席经济学家欧乐鹰（Tom Orlik）的估计更高。按照他们的估算，人民币在SDR里的比重可能在20%左右，超过英国，位列第三。瑞银（UBS）的估算比较折中，认为人民币可能被给予10%~15%的权重。

在此，我们选择市场上对人民币占SDR权重估算的下限，也就是10%作为计算依据。如果人民币在SDR中的权重达到10%，就意味着其他四种货币要让渡出10%的份额。如果这种让渡在四种货币间平均分配的话，那么新的权重将调整为美元37.71%、欧元33.66%、英镑10.17%、日元8.46%。在这种情况下，人民币的地位就与英镑相当，并超过日元。

先退一步说，即便人民币只反映出与日元相当的地位，那么以人民币计价的国际债券和票据的余额占比就应该在2%左右，市场规模约为4 100亿美元，而目前以人民币计价的国际债券和票据余额规模仅为980亿美元。因此，如果人民币的国际地位与日元相当，那么以人民币计价的国际债券和票据潜在的市场缺口规模是当前市场规模的3倍——超过3 000亿美元。

进一步说，如果10%的SDR权重确实反映了人民币真正的国际地位，那么以人民币计价的国际债券和票据的余额占比就应该大致与英镑相同，约为9.5%，对应的市场规模就是19 600亿美元。因此，如果人民币的国际地位与英镑相当，那么以人民币计价的国际债券和票据潜在的市场缺口规模是当前市场规模的19倍——接近1.9万亿美元。如果按照1 ：6.3的美元兑人民币汇率折算，缺口规模约为11.73万亿元，这基本等于2014年我国全年新增人民币贷款（9.78万亿元）和新增企业债务融资（2.42万亿元）的总和（12.2万亿元）。从存量数据来算，这基本等于我国2015年第一季度企业债券的存量规模（12.07万亿元）。

除了国际债券与票据市场，瑞银还提供了国际货币市场工具的数据。由于估算思路一致，以下不再赘述。但是，截至2015年第二季度，国际货币市场工具的整体规模仅为8 843亿美元，因此估算结果对人民币的整体需求影响并不大。

上述研究主要是对人民币资产市场规模的变化进行了初步估算。一方面，简明的估算逻辑有助于我们从量级上把握人民币资产市场的潜在需求，从而判断市场缺口规模。另一方面，这种估算也存在一些局限。首先，上述估算没有考虑人民币资产市场的自然扩张趋势，只是对最终结果进行了估算，准确性相对不足。其次，即便人民币资产市场的发展趋势不会改变，但在扩张的道路上会遇到一些新的难题，整个市场的发展不会一蹴而就。最后，上述估算依赖于某些重要条件，其中比较重要的包括人民币汇率完全由市场决定，人民币资产的供给能够更有弹性，以及存在相应的金融工具对冲人民币资产的汇率风险等。

人民币资产将进入大时代

总而言之，人民币被纳入SDR之后，人民币资产市场或产生巨大的市场缺口。仅从国际债务和票据市场来看，这一缺口的规模就可能达到3 300亿美元。如何应对这一缺口不仅是市场主体要思考的问题，还是监管部门面临的挑战。为了应对人民币资产的需求升温，监管部门或许会从需求和供给两方面同时着手，尽快弥补可能出现的人民币资产市场缺口。

从需求端来看，监管部门应进一步放开境外企业在华的投融资活动限制。可能出现或加大力度的改革措施包括：1.进一步放开境外企业在华发行人民币计价债券的限制，并可能引入额度管理制；2.进一步扩大证券市场的对外开放程度，QFII、RQFII（人民币合格境外投资者）的参与者群体、投资范围和投资额度等限制会继续放开，并最终将改审批制为注册制；3.放松境外投资者进入中国银行间市场，特别是债券市场的额度限制。

从供给端来看，监管部门应鼓励境内企业的跨境融资活动。可能出现或加快推进的改革措施包括：1.尽快取消境内企业在境外发行人民币债券的行政限制，并鼓励优质企业到海外发行人民币债券；2.简化境内企业获得境外人民币贷款融资的审批手续；3.简化境内上市公司到海外增发或上市的审批手续，鼓励优质上市公司到海外发行以人民币计价的金融产品。

如何理解当前的汇率升值[①]

2017年年初至今，人民币兑美元汇率一改此前持续贬值的趋势，开始保持稳定并进入窄幅震荡的通道。2017年5月26日，央行再次改革人民币汇率中间价的定价机制，在定价公式中引入“逆周期因子”，目的是“适度对冲市场情绪的顺周期波动，缓解外汇市场可能存在的‘羊群效应’”。此后，人民币快速升值，人民币兑美元汇率，从年初的6.88升至6.46。

这一现象引起了市场和业界的广泛讨论。有的观点认为，人民币已经伴随着经济新周期的开始，进入了新一轮的升值通道。笔者认为，2017年年初以来的人民币从稳定到快速升值主要受弱势美元、国内经济强劲及中间价制度改革等三类因素的影响，但人民币是否进入新一轮的升值通道或许言之尚早。市场和政府最应该摒弃的是人民币“非升即贬”的单向思维。人民币汇率形成的市场化机制也远比汇率水平本身更值得重视。

---

① 本文写作于2017年9月。

要理解现阶段的人民币兑美元汇率升值，至少要回到2015年的“8·11汇改”。2015年“8·11汇改”至今，人民币兑美元汇率的变化至少可以分成三个时间段。第一个时间段是从“8·11汇改”到2016年年底，这一阶段人民币整体表现为趋势性贬值，汇率从汇改前的6.22贬至6.95；第二个时间段是从2016年年底到2017年5月，这一阶段人民币兑美元汇率整体保持稳定，在6.88左右的水平保持窄幅震荡；第三个时间段是从2017年5月至今，人民币兑美元汇率快速上升，一路从6.88升至6.46。

“8·11汇改”以后，人民币兑美元汇率持续下跌，这里面有基本面的因素，也有市场悲观情绪的作用。一方面，国内经济迟迟未见复苏，PMI始终在50左右徘徊，PPI更是连续近50个月保持同比负增长。这一态势直到2016年第四季度才有所好转。另一方面，“8·11汇改”初期，人民币汇率短期大幅波动，市场出现恐慌，许多机构的交易头寸出现大量亏损。人民币强势升值预期仿佛在一夜之间扭转为大幅贬值预期，随后央行强势介入，并一度动用巨额外汇储备干预汇率市场。然而，汇率持续贬值、资本持续外流的趋势并没有得到根本扭转。2015年年底，央行再次改革人民币汇率中间价制度，引入一篮子货币指数，试图稳定市场预期。但新的中间价机制依然没能改变人民币持续贬值的态势。在国内基本面偏弱、美元持续走强的情况下，人民币只能表现为一路贬值。

到2017年年初，人民币兑美元汇率表现出了新的特征。一是人民币兑美元汇率结束了此前长达一年多的持续下跌，开始保持稳定并在6.88水平窄幅波动。二是在2017年5月25日之前的94个交易日里，只有24个交易日中间价高于即期汇率，另有70个交易日中间价低于即期汇率，这表明人民币兑美元汇率在这段时间仍有小幅的贬值压力。三是人民币兑美元汇率在这一阶段与美元指数的表现明显脱钩，与人民币有效汇率走势也有显著差异。

应该说，2017年以来，国内基本面因素好转是人民币兑美元汇率止跌回升的重要原因。无论新周期是否到来，2016年年底以来的多项指标都表明中国经济确实出现了复苏，这是对人民币汇率最重要的支撑。与此同时，在推进金融部门去杠杆时，国内利率水平不断提高导致中美利差再次扩大，也对人民币汇率稳定起到支撑作用。与此同时，美元从2017年年初开始逐渐走弱，成为支撑人民币汇率企稳的关键因素。

但是，2017年前5个月人民币汇率企稳本身也引起了一些质疑，最关键的就是人民币汇率与中国基本面复苏程度、中美利差变化和美元指数走弱之间的关系极不相称。

首先，中国基本面在2017年前5个月表现出了强劲的复苏态势，从PMI到PPI，再到工业增加值，都有了显著提高。暂且不提经济复苏具体原因，这种强劲的经济表现却没能反映到汇率上，这本身就让人费解。

其次，国内金融去杠杆不断抬升国内利率水平，中美利差从最低时的 1.77% 扩大到 2.45%，增加了 68 个基点，但人民币汇率却只保持稳定，甚至有小幅的下跌。

最后，美元指数从 2017 年初开始走弱，在 5 个月内贬值 5.6%。2017 年 1—5 月，主要发达国家和新兴经济体货币都对美元出现了相应幅度的升值。其中，欧元、日元、英镑和澳元兑美元汇率分别上升 6.91%、5.58%、4.46% 和 3.08%；俄罗斯卢布、印度卢比、墨西哥比索和南非兰特等新兴市场货币兑美元汇率也分别上升 8.31%、5.29%、11.32% 和 4.74%。同期，人民币兑美元汇率中间价仅上升 1.07%，这不符合经济基本面和国际汇市变化。

正是在这种背景下，央行决定再次改革人民币汇率中间价定价机制，通过引入逆周期因子来对冲外汇市场上存在的非理性因素，促使人民币汇率反映国内外基本面情况的变化。

央行引入逆周期因子的效果可谓立竿见影。自 2017 年 5 月 26 日引入逆周期因子至今，人民币兑美元即期汇率从 6.88 升至 6.46，3 个月的时间里升值幅度超过 6%。经过仔细分析，我们发现：基本面自 2017 年 5 月以来并没有出现显著变化；中美利差从 5 月至今有所收窄；人民币有效汇率基本保持稳定，并没有大幅上涨。所以，唯一能与之对应的是美元指数的变化。2017 年 5 月以来，美元指数开始快速下跌，从 97.5 跌至 91.3，跌幅超过 6%。也就是说，逆周期因子的引入，让人民币兑美元汇率能够充分反映出美元的弱势，并由此完成对市场信心的修复。

但是，借助逆周期因子完成的升值存在较大隐患。在2017年前5个月的94个交易日里，人民币兑美元汇率中间价高于香港离岸人民币价格的交易日有65个，这表明在大部分时间里，人民币其实是有升值压力的，只是在岸的汇率并没有反映出来。而自2017年5月26日引入逆周期因子之后的74个交易日里，有44个交易日在岸中间价低于离岸即期汇率，这反映出人民币兑美元存在贬值压力。

加快汇改是消除贬值预期的最好办法

2017 年 10 月以来，人民币兑美元汇率中间价表现出新一波的贬值趋势。从 10 月 10 日开始，人民币兑美元即期汇率持续下跌。进入 11 月以后，人民币兑美元即期汇率的贬值势头有所下降，但在 11 月 7 日当天又开始了新一轮的快速贬值——当天人民币兑美元即期汇率在盘中一度跌破 6.8。鉴于人民币兑美元汇率的表现，市场和学界再次想起“8 · 11 汇改”时的情形，“人民币被高估”“人民币会继续贬值”等言论再次出现。在此，笔者认为，本次人民币兑美元的贬值压力主要来自外部，不必过度恐慌。从短期来看，应关注美联储加息可能引发的市场震荡；从长期来看，应该继续加快汇改，让人民币汇率尽早实现自由浮动，从根源上消除贬值预期。

近期人民币的贬值压力主要来自外部

目前，中国实行的人民币汇率中间价定价机制可以简单表述为

"收盘价＋篮子货币"机制。其中，"收盘价"用于反映市场供求，"篮子货币"用于保障汇率稳定。在此机制下，人民币兑美元中间价贬值就有两个不同的来源：一是国内经济指标低迷导致收盘价贬值；二是美元相对其他主要货币升值，人民币要被动贬值以维持篮子汇率稳定。从数据来看，本轮人民币的贬值压力主要来自外部，基本逻辑是美元指数带动篮子货币上涨，人民币需要对美元贬值来稳定篮子货币。

一方面，2017年国庆节后陆续公布的9月中国宏观数据均表明，中国经济在短期内已经企稳：PPI结束了连续54个月的同比负增长，同比增速由负转正；工业企业利润同比增速保持稳定，营业收入同比增速继续上升；固定资产投资同比增速也结束了此前的连续下滑趋势；国家统计局公布的PMI更是连续3个月位于荣枯线以上，财新PMI的表现也是如此。对此，从宏观数据来看，国内基本面并没有恶化，甚至有反弹迹象，因此无法解释人民币汇率的问题。

另一方面，受英国新首相特蕾莎·梅的"硬脱欧"主张影响，英镑暴跌6%，欧元大跌3%，美元指数再度暴涨至98.8的高位。弱势的英镑和欧元推高了美元指数，进而造成篮子货币升值。为了稳定篮子货币，人民币兑美元汇率被迫下跌。10月10日当天，人民币兑美元即期汇率下跌0.55%，并在接下来的12个交易日内下跌了1.5%——接近过去8个月的跌幅。

此外，人民币汇率中间价的本轮贬值基本符合此前公布的计算规则。这就意味着央行在本轮人民币贬值期间基本保持了中性态度，没有对中间价进行过多的修正，盘中也未发现成交量出现异常。因此，可以认为央行的判断是：当前的贬值压力是短期现象且处于可控区间，没有太大入市干预的必要。

关注美联储加息可能引发的市场震荡

2016 年 12 月 13—14 日，美联储召开当年最后一次议息会议。距上一次加息已经过去近 1 年的时间，美国的经济复苏既没有明显向好，也没有出现重大问题。失业率缓慢下降的同时，劳动参与率却迟迟不见好转；耐用品消费数据虽然有所好转，核心通胀水平却始终在低位徘徊。简言之，美国各类经济指标释放的信号并不一致。正因如此，美联储主席珍妮特·耶伦在谈及加息时，提出要维持所谓的“高压经济”来确保经济真正实现复苏。但究竟什么是高压经济，如何判断高压经济，耶伦并没有给出明确的答案。

2017 年 10 月以来的情形跟 2015 年 8 月的情形非常相似。当时，市场关于美联储是否会在 9 月的议息会议上决定加息存在巨大的意见分歧。加息决策的不确定性提高了金融市场对各类信息的敏感性，进而导致 2015 年 8 月下旬全球金融市场出现剧烈动荡。2015 年 8 月 24 日，全球股市出现崩盘式下跌，美国标普、纳斯达克和道琼斯股指期货均跌逾5%，触发熔断机制，导致美国三大交易所一度暂停交易；香港恒生指数连续第七天下挫，收盘下跌5.2%；台湾股市暴跌8.6%，创下有史以来最大跌幅。事后来看，2015年8月出现的全球金融市场动荡是一起典型的“踩踏事件”，暴跌只是国际投资者恐慌情绪的一次集中释放。但是，只要营造恐慌情绪的环境氛围尚未消除，只要美联储不提供明确的加息条件和标准，美联储的加息决策就会像达摩克利斯之剑一样，始终悬在国际金融市场的上空。

反观当前的形势，金融市场面临的不确定性恐怕要比2016年还大。在未来一个多月的时间里，市场要面临许多可能出现的黑天鹅事件。这些事件包括美国总统大选（11月8日）、意大利针对宪法改革进行公投（12月4日）、欧洲央行的议息会议（12月8日）以及美联储议息会议（12月13—14日）。如果再次出现如英国脱欧一样的黑天鹅事件，不排除全球金融市场会再次出现“重大踩踏事件”的可能性。

从更长远的角度考虑，美联储加息决策的不确定性还会给各国货币政策的制定增加难度，影响经济复苏。在全球金融一体化的背景下，美国货币政策的溢出效应显著加强，特别是对新兴经济体来说，美国货币政策的调整会产生很大影响。这种影响主要集中在跨境资本的流动层面。为防止因美联储加息而出现大规模的资本外流，其他国家可选的应对措施主要有两种：加息和干预汇率。但是，当前全球经济复苏基础仍然比较薄弱，发达国家和新兴经济体各自面临新的问题，理想环境基本不存在。在美国即将进入加息周期的同时，许多国家仍在实施宽松的货币政策。那么，究竟是继续实行宽松的货币政策，还是预先收紧货币政策以应对美联储加息？这就成为各国货币当局必须考虑的问题。这无疑给各国货币政策的制定增加了难度，进而影响全球经济的复苏。

加快汇改是消除单边贬值预期的最好办法

美联储迟早都要进入新一轮的加息周期，这可以说是市场达成的阶段性共识。在美联储的加息预期下，美元会获得比较强的支撑，美元指数继续走强应该是大概率事件。如果美元继续走强的判断成立，那么无论中国经济表现如何，人民币汇率都很难准确反映中国的情况。

若中国经济触底回升，市场对人民币的需求会增加，反映到收盘价上就是人民币升值。但是，强劲的美元会带动篮子货币升值，为了保证对货币篮子稳定，人民币对美元应该贬值。而此时，人民币汇率可能继续保持稳定，但这种稳定无法与国内的经济表现相匹配。若中国经济继续下行，人民币在收盘价上就会有贬值压力，再加上美元指数走强带动的篮子货币升值，人民币对美元会在短期内面临巨大的贬值压力。但是，这种贬值压力超出了国内基本面的负面影响，是一种加速式的贬值。

因此，现有的中间价定价机制既无法真实反映中国经济的实际情况，也无法发挥汇率的价格杠杆作用。虽然我们对本轮人民币贬值无须过度担忧，但这种渐进性的贬值会催生出单边贬值预期。单边贬值预期会带来持续的资本外流压力，给宏观经济稳定带来较大的冲击。要想彻底消除单边贬值预期，最好的办法是允许人民币汇率自由浮动，让人民币汇率充分反映市场供求。唯有如此，才能根除汇率单边贬值预期的土壤，让外汇市场及时出清，充分发挥汇率作为价格杠杆和外部风险缓冲器的作用。

货币政策难言转向[①]

在2016年年底的中央经济工作会议上，中央提出要实施稳健中性的货币政策。自此，央行频繁使用创新货币政策工具调控货币市场，逐步抬升资金成本，迫使金融机构去杠杆并鼓励资本“脱虚向实”。然而，自2017年7月以来，央行开始减弱对市场流动性供给的控制，并数次“放水”。7月14—21日，央行公开市场累计净投放5 100亿元，创半年来最大值。7月24日，央行再次“放水”，通过公开操作实现净投放2 200亿元。

面对上述情况，有的观点认为，央行这种操作表明货币政策或许会在2017年下半年走向稳健偏宽松，同时半年来金融市场强监管的态势也会有所缓解。持这种观点的主要理由是：当前的资金成本已经很高，未来经济的基本面不支持高利率，继续抬升利率会给实体经济造成压力。为了稳增长，央行势必会调整稳健中性的货币政策。但笔者认为，央行在推动金融去杠杆的道路上刚刚起步，既

① 本文写作于2017年8月。

无意愿更无必要调整稳健中性的货币政策。近期市场利率只是阶段性下行，从趋势上来看偏紧的货币政策还会继续，利率亦将较长时间维持在较高的水平。

首先，从央行的官方表态来看，其对外口径保持高度一致，货币政策立场几乎没有发生任何变化。2016 年年底的中央经济工作会议率先提出 2017 年“货币政策要保持稳健中性”。在 2017 年 2 月 17 日发布的《2016 年第四季度中国货币政策执行报告》中，央行正式提出“实施好稳健中性的货币政策”。此后，央行在关于货币政策的方向上始终保持高度一致的对外口径。无论是周小川行长接受采访，还是央行第一和第二季度的例会，均维持了“稳健中性”的提法。此外，2016 年年底以来，央行从没有强调过货币政策可能会抑制经济增长，反而每次都会强调金融稳定和金融去杠杆。这无疑显示出 2017 年央行的工作重点始终是在确保不出现流动性危机的情况下，持续推动金融去杠杆，降低金融部门的风险。

其次，央行正在改革货币供应方式，用更加灵活的工具来控制货币投放，流动性投放的波动性增加是其必然结果。近年来，随着货币供应方式的变化，央行公开市场操作主要采用“逆回购”和中期借贷便利，目的是“削峰填谷”，保持银行体系流动性基本稳定。调控方式的转变意味着央行的货币投放要紧盯市场需求，在缓慢抬升资金成本的同时，还要确保不出现流动性危机。如此一来，央行货币政策的灵活性大大加强，操作频率会更高，个别时间流动性投放也会大幅增加。2017 年 1 月 20 日，央行向市场净投放 11 000 亿元，这是考虑到春节临近银行流动性短缺而进行的操作。同样的逻辑，考虑到 6 月跨季因素，央行加大流动性投放。随着跨季的结束，央行逐渐收紧流动性，并且连续 12 个交易日暂停逆回购操作。2017 年 7 月 11 日，央行再次重启逆回购，进行 300 亿元 7 天期逆回购操作、100 亿元 14 天期逆回购操作。本次操作是由于货币市场流动性已经发生边际变化——由跨季时的宽松回归到正常水平。对此，央行为了对冲前期投放资金的到期量，需要重启逆回购，向市场投放流动性。

最后，本轮金融去杠杆刚刚起步，央行此时改变货币政策意味着前功尽弃。在 2017 年 7 月 4 日发布的《中国金融稳定报告（2017）》中，央行专门增加了“促进中国资产管理业务规范健康发展”专题。专题的核心思路是清理资管产品的多层嵌套并打破刚性兑付——通过提高短端利率来提高资金成本，迫使金融机构简化渠道去杠杆，同时减少发债融资相对于贷款的优势。这虽然与促进直接融资的大方向有所背离，但在监管套利尚未彻底消除的情况下，“先停车再修车”的策略无疑更具有可行性。从货币市场利率来看，虽然出现了两次反复，但短期利率不断抬升的趋势基本确立。同时，央行通过压缩期限溢价的方式减少期限错配，在迫使金融机构去杠杆的同时鼓励资本长期投资。这种操作思路毫无疑问是正确的，但目前效果尚未显现出来。金融机构的交易结构并未发生根本转变，部分金融机构依然趁着每次利率回调的机会加杠杆，从事原有的金融操作。此时央行如果改变稳健中性的货币政策，无疑是宣告与央行对赌的金融机构获得胜利，本轮金融去杠杆就会面临失败，未来再次开启金融去杠杆则要付出更大的成本。

综上可知，央行既无意愿也无必要转变货币政策，而未来货币政策继续收紧的空间确实不大。从方向上，央行不会改变当前的货币政策立场；从节奏上，央行或许会减慢货币政策收紧的步伐，货币政策的边际变化会减小。这主要表现为市场利率继续上升的空间有限，流动性环境继续收紧的幅度有限，以及金融领域监管力度继续加强的程度有限。未来一段时期，随着金融监管的加强和金融领域改革的进一步深化，央行货币政策或许会逐步稳定到当前的“位置”，“严监管+中性货币政策”依然是下半年货币市场的主旋律。

汪洋中的一条船：次贷危机十年来美联储的对策[①]

2007年7月19日，美国第五大投行贝尔斯登向投资者宣布，由于以次级抵押贷款（简称“次贷”）为收益的AAA类高信用等级证券价值出现空前下滑，旗下两支基金投资者的收益将会很低，几乎“无价值剩余”。次贷危机正式拉开序幕。

消息一出，市场哗然。高盛、美林、摩根大通等几家国际大投行都买了贝尔斯登的产品。这些投资者像发了疯一样卖出跟次贷沾边的产品，造成贝尔斯登的现金流出现重大危机，股价更是快速下降。2008年3月14日，美联储决定通过摩根大通公司向贝尔斯登提供应急资金。

贝尔斯登获救了。恐慌中的投资者暂时松了一口气，雷曼兄弟更是松了一口气。作为当时华尔街的第四大投行，雷曼兄弟不仅在资历上比贝尔斯登要老得多，持有的次贷资产也比贝尔斯登多，当

① 本文写作于2017年6月。

然，摊上的事也就大得多。2008 年 9 月 15 日，就在市场一致认为美联储和财政部绝不会坐视雷曼兄弟倒闭时，这个历时百年的老牌投行突然宣布破产。山雨欲来，所有人都预感要出大事了，但只有少数人明白，美国经济乃至全球经济恐怕要迎来自 1929 年大萧条以来最重大的危机。很快，恐慌在全球蔓延，国际金融市场大乱。

幸运的是，本 · 伯南克（Ben S. Bernanke）就是少数人中的一个。更幸运的是，经过 80 余年的历练，如今的美联储再也不是当年那个缺乏经验、不明就里的新生机构。在伯南克的带领下，美联储以空前的决心和团结，迅速采取各种政策措施，包括此前非常少见的扭曲操作和量化宽松政策（Quantitative Easing,以下简称QE）。与此同时，伯南克还积极联合世界各国央行，共同出手抵御这场百年一遇的危机。

伯南克的政策十分奏效。虽然美国经济依然经历了衰退，但总归没有出现持续大规模的失业，经济也没有陷入通货紧缩陷阱。虽然各国政府依然龃龉不断，但并没有像大萧条时期那样互相拆台，采取以邻为壑的政策，而是不断强化合作，携手应对危机，G20（二十国集团财长和央行行长会议）更是出人意料地成为当前最重要的多边合作平台。

十年后回首这段往事，恐怕没几个人敢说自己能比伯南克和美联储做得更好。我们不禁要问，危机面前，伯南克的勇气从何而来？虽然避免了大萧条的发生，但全球经济依然经历了持续数年的低迷。哪些是美联储做到的？又有哪些是美联储该做却没有做的？后危机时代，伯南克留下了哪些遗产？耶伦治下的美联储又将面临怎样的挑战？

行动需要勇气，更需要底气

2014年，伯南克功成身退，把美联储交给了继任者珍妮特·耶伦。2016年，伯南克出版了自传《行动的勇气》，从一个亲历者的角度详细讲述了危机期间美联储是如何判断形势，如何制定政策，如何讨价还价，以及如何应对来自各方的质疑和挑战的。金融危机初期，伯南克能果断出手确实需要极大的勇气。勇气的背后，更需要的是行动的底气。

首先，伯南克有着坚定的目标，那就是确保美国经济不坠入大萧条的深渊。1953年出生的伯南克虽未亲身经历过大萧条，但他以研究大萧条而享誉国际学术界。伯南克性格儒雅，富有同情心。对他而言，33%的失业率绝不是一个冷冰冰的数字，而是成百上千个家庭艰难困苦的现实，是美国社会的不可承受之痛。正因如此，伯南克从最开始就非常清楚自己的目标是什么。为了避免美国再次经历大萧条，他不惜一切代价为资本市场乃至全球各国央行提供充足的短期流动性，顶住了巨大的政治压力去救助贝尔斯登，为AIG（美国国际集团）提供贷款，促使美国银行收购美林，以及辅助财政部接管“两房”（房利美和房地美，带有政府性质的两个联邦住房贷款抵押融资公司）。最恐慌的日子过去之后，伯南克依然没有忘记这个目标，并在欧债危机爆发之际毅然决然地维持量化宽松政策，为全球市场持续注入流动性，最终避免了全球经济的二次探底。

其次，美联储的决策者有着过硬的专业素养。在担任美联储主席之前，伯南克就以研究大萧条而闻名学术界。他对大萧条的形成机制有着深刻的洞察和理解，还在许多领域做出重要理论创新，如“货币政策的资产负债表传导渠道”“金融加速器理论”等。深厚的学术积淀让伯南克在第一时间就找到了应对危机的正确方向。除了伯南克，其他美联储的理事也大多具有深厚的学术基础。理事们的学术研究领域各异，涉及货币政策领域的各个方面。例如，现任美联储主席耶伦就更关注货币政策对就业市场的影响，而老牌鹰派代表则始终强调宽松货币政策可能带来的通胀压力。

除理论基础外，美联储的决策团队还熟知金融市场的实际运作规则及具体的法律规则，确保所有的救市政策都在现有法律授权范围内。由于不能直接向贝尔斯登提供流动性，美联储专门绕道摩根大通，并且专门成立了一家公司来持有从贝尔斯登收购的资产。2012年，美联储将持有的贝尔斯登资产成功卖出后，连本带息偿还了全部借款。这证明贝尔斯登最初遇到的确实是流动性问题，伯南克的判断是正确的。2014年年底，美联储正式结束量化宽松操作，并于当年向财政部上缴利润 987 亿美元，没有为之前的救助行为买单。

最后，危机当前，团结为先。一直以来，美联储主席拥有的权力都远大于其他的理事。在格林斯潘年代，每次内部讨论货币政策，与其说是开会，不如说是格林斯潘在下通知。伯南克则不然，他非常重视过程，每次讨论都要广泛征求意见。得益于此，美联储理事会对外的形象显得十分团结。在危机期间的几个关键时点，所有理事均以“一致同意”的形式通过决策，及时向市场注入了信心。到危机后期，有些偏鹰派的理事非常担心通胀，但为了给市场明确的信号，依然为宽松政策投了赞成票。不仅如此，伯南克还同前后两任美国财长都保持着良好的合作关系。无论是救助贝尔斯登，还是去国会申请财政救助资金，两个部门始终站在一起。可以说，美联储和财政部之间的团结是及时遏制经济形势恶化的关键。

“躲过前人的坑，犯下自己的错”

得益于 80 年前的那场大萧条，美联储对金融危机有了更深的认识。面对这次危机，美联储的内部更团结，出手更果断；面对质疑，美联储的态度更坚定，也更重视信息披露。但是，美联储“躲过了前人的坑，却犯下了自己的错”。

其一，次贷危机初期，美联储虽果断出手，但出手力度却略显不足。如果说美联储从大萧条中学到了什么，那就是不能放任商业银行因挤兑而出现倒闭潮。就在大萧条初期银行危机刚开始的时候，纽约联储及时为遭遇挤兑的银行提供了流动性。这个在现在看来再合适不过的行为，反而惹怒了美联储的官员。当时的美联储最关心的是政治而不是政策，而纽约联储的行为在他们在看来是典型的越权。退一步来说，即使得到了足够的授权，美联储也不会采取什么宽松措施，因为那时最流行的理论是实际信贷理论。在错误理论的指导下，美联储认为利率和价格下跌反映了信贷市场的供过于求，于是采取了紧缩的货币政策，包括提高再贴现率和减少流动性。危机当前，美联储对即将到来的灾难毫无察觉，不仅错失了处置风险的最佳时机，而且实施了雪上加霜的政策，最终加剧了大萧条。

在此后的日子里，美联储始终忘不了大萧条的教训。美联储深知，如果银行出现了挤兑风险，那就必须要及时提供流动性。自那以后，美国成功度过了一次又一次的金融危机，再没陷入像当年大萧条时期的困境。因此，在贝尔斯登出现问题之后，美联储迅速提供流动性，避免了贝尔斯登走向破产。到了雷曼兄弟出现问题时，美联储也知道不能放任雷曼兄弟倒闭，但雷曼兄弟毕竟不是商业银行，没有存款，因此，在美联储看来，这不会危及整个银行体系，也就没有采取强力的救助措施。

事实表明，美联储大大低估了影子银行系统的影响。20 世纪 80 年代之后，全球掀起了一阵金融自由化浪潮，美国更是当中的弄潮儿。经过几十年的演化，美国的金融体系早已不同于当年。雷曼兄弟的倒闭彻底冻结了整个银行间的短期拆借市场，直接导致美国次贷危机升级为国际金融危机。

其二，2008 年国际金融危机期间，美联储更重视国际合作，但合作的深度仍然不够，导致最终取得的实质性成果太少。20 世纪 30 年代，早在危机刚酝酿的时候，西方各国间的团结就已经荡然无存。1930 年，就在大萧条加剧的关口，美国推出了历史上最高关税法——《斯姆特–霍利关税法》(The Smoot–Hawley Tariff Act)。该法案是典型的“以邻为壑”政策，大大激怒了其他西方国家，刺激了全世界的民族主义情绪。于是，各国纷纷提高关税，贸易保护主义大行其道，直接导致国际联盟举办的一次关税削减会议难产。关税只是各国相互指责的一个战场，而另一个战场则是“金本位制度”。1933 年，西方国家举办了世界经济货币会议，大会宣言的核心就是呼吁回归国际金本位。就在会议进行中，时任美国总统罗斯福突然表示，他拒绝承认大会宣言。这彻底毁灭了国际合作的希望，其他国家认为美国试图通过压低美元汇率的方式获得不合理的竞争力。大萧条本来是国际性事件，各国却各自为战，互相拆台，结局自然难出预料。

正是由于这个教训被反复提及，各国在 2009 年抵制了贸易保护主义的诱惑，使国际协调变得更加容易。2007 年 8 月 9 日，巴黎银行宣布暂停三支对冲基金的赎回，因为这些基金因持有美国抵押贷款证券而出现了亏损。投资者理所当然会想到，如果巴黎银行的资产里有美国的次贷相关资产，那么其他银行同样可能会有，于是市场陷入恐慌，国际银行间同业拆借市场瞬间崩溃。为了及时遏制投资者的恐慌情绪，美联储于 8 月 10 日向市场提供了大量流动性。同时，欧洲央行、日本央行、加拿大储备银行和澳大利亚储备银行，以及中国香港金融管理局都采取了类似的行动。10 月 8 日，美联储、欧洲央行、英国央行、加拿大央行、瑞典央行和瑞士央行同时降低基准利率 50 个基点。到了 12 月 12 日，美联储和欧洲央行、瑞士央行达成货币互换协议，以缓解美元流动性危机。2009 年的 G20 会议上，虽然主要发达国家一致谴责美国惹了祸，但最终还是发表联合声明，展现出共同应对危机的态度。在欧洲，欧盟中经济和金融形势较好的国家也给较弱的国家提供了贷款援助，展现出了同舟共济的姿态。

即便如此，各国达成的实质性成果依然太少了。G20 越来越受关注，但也更容易流于形式。早在亚洲金融危机时就被反复提及的 IMF 治理结构改革，终于在 2016 年年初有了突破——新兴经济体的投票权有所提高，但也仅限于此。IMF 以发达国家为核心的权力基本特征没有改变，美国依然享有一票否决权，新兴经济体获得贷款的条件依然苛刻。危机过后，各国央行货币政策的协调必要性大大降低，最终没能建立起常态化的沟通和协调机制。随着主要经济体货币政策日益分化，各国货币当局独善其身的政策倾向也越来越明显。历史教训告诉我们，一旦各国放弃全球宏观经济政策协调，全球经济就很有可能陷入危机。

最关键的是，本次危机后各国都没有出现实质性的变革。大萧条让所有资本主义国家受到了沉重打击，政界和学界都对此进行了深刻反思。质言之，大萧条给各个领域相关制度的“推倒重来”提供了强大动力。所以，金融系统出现了《格拉斯–斯蒂格尔法案》（Glass-Steagall Act），将投资银行业务和商业银行业务严格地划分开，保证商业银行可以避免证券业的风险。罗斯福政府提出的理论和法律框架在多方面塑造了随后的《国家劳工关系法》。虽然一些新政项目，如平民保育团和公共事业振兴署都是昙花一现，但有关社会保障、福利、失业保险、最低工资、童工法律及工人结社权利的措施都成为美国社会不可磨灭的一部分。

2008年，全球经济快速下滑，但在2009年实现了“V”形反转。失业率虽然一度高企，可比起大萧条就是小巫见大巫。各国央行及时出手，国际金融市场的混乱在第一时间得到控制，应该说，各国决策者成功避免了最差的情况出现。这给决策者带来了一种错觉：当前的体制没有根本性缺陷，在驯服经济周期的道路上，我们只是遇到了一个更强的对手，并且取得了“胜利”。

没有锥心痛，何须刮骨刀。2010年，美国推出了《多德–弗兰克华尔街改革和消费者保护法》（Dodd–Frank Wall Street Reform and Consumer Protection Act），但法案内容充斥着各式各样的修修补补和无奈的妥协，并没有对金融体系进行实质性变革。2011年，出于对1%的“金融精英”的不满，愤怒的美国民众掀起了“占领华尔街”运动，这成了金融领域改革失败的最佳注脚。社会事业方面，奥巴马政府为推行一项不大不小的医疗改革而陷入苦战。在共和党的压力下，美国原有的社会政策力度不仅没有加大，反而遭到压缩，例如削减了食品券的发放等。欧洲更是如此。欧元区货币与财政权力的根本性矛盾依然没有得到解决。所谓的“单一银行监管机制”，最终只能覆盖欧盟100多家大银行，且监管权力相当有限。一言以蔽之，“我们成功避免了最坏的情况，同时错过了更好的未来”。

伯南克的“遗产”和耶伦的挑战

无论如何，伯南克总算是给次贷危机画上了句号，虽然这个句号并不是很圆满。细数伯南克留下的“遗产”，可谓是有好有坏，喜忧参半。

先说好的方面。其一，美国经济逐渐迎来了新一轮的复苏，虽然动能并不强劲，但好过持续低迷甚至继续下滑。2010年，美国GDP同比增速快速触底反弹，从2009年–2.0%的同比增速一度反弹至3.8%。2010—2016年，美国年均GDP增速为3.7%，比2001—2007年5%的平均增速要低，但保持了稳定增长态势。

其二，美国的国内就业市场逐渐稳定下来，失业率降至5%以下，薪资水平也在缓慢上升。2009年10月，美国失业率一度高达10%，随后逐渐回落。截至2017年5月，美国失业率已经降至4.3%，成为2001年6月以来的最低点。2015年美国创造了265万个非农就业岗位，成为1999年以来就业市场最好的年份。2017年以来，美国非农企业员工平均周薪的月同比增速在持续增加，美国就业市场正趋于饱和。

其三，美联储的决策机制更加公开透明，市场沟通更加顺畅，前瞻性指引发挥越来越重要的作用。在任期间，伯南克的工作重点有两个：一是将通货膨胀目标制引入货币政策框架，二是提高美联储决策的公开透明程度。伯南克推出的货币宽松政策，其实就是改善通胀预期的政策实践。更重要的是，伯南克非常强调决策的透明性和民主化，这让美联储变得不再神秘，让市场能够更好地理解美联储的政策意图，建立相对稳定的政策预期。

其四，各国政府建立起了初步的国际合作框架，各类双边和多边对话机制可以帮助各国加强沟通，为今后携手解决结构性问题打下基础。G20、金砖国家峰会、中美战略与经济对话等正成为重要的国际政策协调平台。总之，伯南克给其继任者耶伦留下了一个相对稳定的内外经济环境，这有利于美联储在后危机时代展开工作。

但同时，伯南克也留下了一些棘手的问题。首先就是一张天量的资产负债表。2008年年底，量化宽松政策开始实施，美联储开始持有联邦机构债券和抵押贷款支持债券（MBS），并大幅削减联邦基金利率，使其一直保持在接近于零的水平。三轮QE之后，美国经济呈现出较明显的复苏态势，但美联储也为此付出了巨大的代价。近十年间，美联储资产负债表从9 000多亿美元膨胀到4.5万亿美元。

这张资产负债表是三轮QE的产物，更是非常时期的象征。随着危机退潮、经济复苏，耶伦的第一个任务就是尽快让美联储的货币政策恢复正常。为了实现这个目标，美联储也有一个“三步走”战略：退出QE、加息、缩表。美联储已经在2014年年底退出QE，并于2015年年底正式步入加息周期。2016年12月、2017年3月、2017年6月，美联储连续三次上调联邦基准利率。至此，三步走已经走到了最后一步，缩表已“箭在弦上”。

近期，美联储多位高官释放了缩表信号，并暗示在2017年晚些时候启动缩表计划。无论美联储怎样操作，一旦开始缩表，就必然会对金融市场的流动性造成冲击，影响利率水平和金融市场的稳定。因此，缩表的节奏和期限决定了市场可能遭受的冲击，这也是目前市场最关注的焦点之一。根据测算，如果美联储采取比较激进的缩表策略，即在三年内同时减少美国国债和MBS，则每年的减持规模占美国银行现金资产的41.33%。也就是说，不到一年半，美国商业银行系统的现金资产就会因美联储缩表而减少一半。在这种情况下，持有现金资产较少的商业银行将面临巨大的流动性压力。

因此，耶伦治下的美联储要谨慎确定缩表的节奏和幅度，重视其可能带来的流动性风险，同时做好政策沟通，避免2013年的“削减恐慌”重演。

同时，美联储还要考虑缩表的溢出效应。目前，发达国家货币政策出现分化的趋势早已确立，欧洲和日本的经济复苏不尽如人意，货币政策要在短期内快速转向恐怕并不现实，新兴经济体的状况更是难以应对美联储的加息周期。以金砖国家为例。2014年第二季度至今，巴西的GDP同比增速连续12个季度处于负增长状态；南非GDP同比增速则连续7个季度在1%以下，难以确定复苏态势；印度经济虽然始终保持正增长，但同比增速在持续回落，一度从2016年第一季度的9%降至2017年第一季度的6.1%；中国可能是最从容的国家，目前正在推进金融部门去杠杆，利率水平处于上升阶段，同时货币政策保持稳健中性，不会回到过度宽松的阶段。即便如此，由于人民币的汇率机制缺乏弹性，一旦国际市场出现流动性紧缩，有可能再次出现“资本外流—贬值预期”的恶性循环，进而影响国内的经济金融稳定。

美联储历次实施紧缩的货币政策，都会直接地或间接地引发新兴经济体出现金融危机。考虑到目前的状况，美联储不仅要平衡国内金融市场的稳定和未来通胀压力，还要平衡国内经济目标和国际金融市场的关系。2015年中国股灾期间，国际金融市场出现了连锁反应，美联储也因此推迟了加息政策。当前，国际经济形势扑朔迷离，美国经济也充满不确定性，再通胀的逻辑尚未证实，政治对经济的影响越来越大。特朗普上台之后，美国在国际合作中的角色有所转变，国际合作氛围日渐微妙。若美联储缩表引发某些国家出现金融动荡，很可能会直接破坏本就不浓厚的国际合作氛围，这是耶伦不得不考虑的风险。展望未来，要想在保持国内外金融环境相对稳定的情况下完成缩表并实现货币政策正常化，耶伦及其治下的美联储任重道远。

美元是听特朗普的，还是听美联储的[①]

美元指数短期承压?

特朗普当选美国新一届总统，引发了国际金融市场的动荡。2016年11月9日，特朗普最终当选美国第45任总统。而此时，全球金融市场出现较大幅度下跌：美元指数从当日9时9分的98.107 4迅速下跌至13时17分左右的95.883 2，又在4个多小时后小幅回升至97.35左右；日元大幅贬值逾3%；墨西哥比索暴跌13%。当日13时左右，纳斯达克指数期货和标准普尔指数期货均跌停。

国际金融市场出现暴跌，反映出市场对特朗普政策的不可预期性表示担忧。特朗普缺乏扎实的执政经验，执政理念亦飘忽不定。此前，特朗普对美国金融体系和美联储货币政策进行了激烈的批评。12月，美联储面临是否加息的抉择。未来的美元走势，是会听特朗普的，还是听美联储的?

---

① 本文写作于2016年11月。本章所使用数据来自北大汇丰海上丝路研究院，Wind数据库。

早在10月份，由于美国非农就业以及失业率等数据的支撑，加上美联储政策基调有所“鹰派化”，美元指数出现了一个升值小高潮。但到10月底，由于希拉里“邮件门”事件再度发酵，特朗普的民调支持率逐步扭转劣势。在这个过程中，美元指数开始小幅下行。11月4日，美元指数跌至96.9。

受特朗普当选美国总统的影响，国际金融市场投资者可能会在不同币种、期限和资产品种之间重新选择，美元汇率的走势在短期内将更加不确定。

特朗普会影响美联储决策?

特朗普一直对美联储此前的政策框架及政策调整持批评态度。此前，特朗普在与希拉里的电视辩论中，认为美联储比国务卿克林顿更具有政治色彩，并明确提出美联储主席耶伦将利率维持在低位是一个政治决定，是为了创造虚假繁荣，粉饰奥巴马执政成绩。从特朗普抨击中国、要求将中国列为“汇率操纵国”等言论来看，他可能希望借助美元贬值，提高出口竞争力。但美联储并不买特朗普的账。美联储在9月的议息会议中基于“经济因素而非政治因素”维持利率不变，被认为是针对特朗普的行为。

但是，特朗普的当选对美联储的政策框架可能不会带来太大的影响。一是美国总统干预美联储政策的先例很少，这是美联储政策体系独立性的重要体现和保障。二是特朗普缺乏对美联储的实质性干预手段。一方面，耶伦主席由奥巴马总统任命，任期到2018年2月。另一方面，虽然美联储理事会目前有两个岗位空缺，但即使特朗普任命两位为自己效力的理事，也很难改变美联储理事会的议事传统和决策程序。三是特朗普针对美联储及耶伦主席的批评更多是出于选举的需要，而在执政过程中，特朗普会面临财政政策的硬约束，相对宽松的货币政策环境对其保障经济增长和促进就业是有帮助的。

美元指数走势更多依靠基本面

从未来的走势看，特朗普政策倾向于孤立主义、保护主义和民粹主义，可能会对全球经济不断造成冲击，美国经济会走向“内向型经济”，更加注重经济再平衡。从中长期来看，美元指数将仍然由经济基本面决定。

从汇率影响的政治时间来看，美元应该不会出现大的贬值。特朗普当选总统出乎市场预期，但是，其施政纲领尚未明晰，而且其竞选主张能够在多大程度上变成政策尚待进一步观察。美国重大经济政策决策都有既定程序，特朗普未来也更多是适应现有体系而非另建新的体系。这样一来美国大选对汇率的冲击可能逐渐淡化。

从基本面来分析美元的汇率，美元指数仍有走强的动力。汇率的走势基本由利率、物价和竞争力等因素的相对变化而定。利率变化决定短期走势，物价变化将由购买力平价来体现，竞争力则由生产效率的变化或者贸易品与非贸易品两个部门的劳动生产率的相对变化体现出来。

特朗普的当选并不会改变美国货币政策正常化的趋势，原因有二。一方面，就国内而言，美国经济整体相对向好。2016 年 9 月，美国非农就业人数增加 15.6 万人——虽略低于市场预期，但仍然是较好的就业状况。美联储在 12 月份加息的可能性仍然较大，这将直接导致美元与欧元、英镑等币种的利差变化，形成对美元保持强势的利率平价支撑。另一方面，在国际上，英国脱欧及欧洲银行业的问题可能会演化为美元指数的进一步走强，特别是市场可能对欧洲银行业的风险存在一定程度的低估。

从中长期来看，由于美国通货膨胀率的锚定水平较为稳定，加上未来一两个季度原材料特别是原油价格可能保持相对稳定，其物价并不会面临通胀的风险。从长期来看，由于美国技术创新及其与产业的紧密结合，不管是贸易部门还是非贸易部门，其生产效率相对于欧洲、英国等都具有一定的优势。

但是，特朗普的经济政策也可能会给美联储带来新的麻烦。在特朗普刺激经济增长的各项主张中，扩大基础设施建设可能最为有效。如果按照特朗普的计划，举债加大基础设施投资，可能会导致美国的通货膨胀压力加大，进而迫使美联储不得不加快加息节奏，并对美元的汇率带来新的冲击。

美联储缩表的时机、节奏及市场影响[①]

2008年次贷危机以来，美联储积累了庞大的资产负债表规模。随着美联储进入加息周期，美联储货币政策常态化“三步走”——退出QE，加息和缩表——已经走到了最后一步。本文根据1980—2008年美国M1通货规模和美联储资产负债表的扩张趋势，推算出美联储缩表的目标规模。在此基础上，结合目标规模，讨论不同情况下美联储缩表的节奏、方式和具体规模，并结合当前金融市场情况和特朗普新政的影响，分析缩表可能的时机及最终效果。主要结论如下：

1. 如果美联储采取比较中和的缩表策略——在未来三年只减持国债，那么美国商业银行系统每年平均减少17.71%的现金资产。

2. 如果美联储采取较激进的缩表策略，即在三年内同时减少美国国债和抵押贷款支持债券（MBS），那么每年的减持规模占美国银行现金资产的41.03%。

---

① 本文写作于2017年5月。

3.仅靠被动缩表既不能满足减缩的规模要求，同时也会把缩表时间拖得过长，美联储或许会在2018年的晚些时候或2019年进入主动缩表阶段。

次贷危机之前，美联储资产负债表的结构比较简单，资产方的主要项目是美国国债，约占总资产的83%；方的主要项目是货币，在总负债中占比约为90%。2008年全球金融危机，美联储紧急救市，大量买入美国国债并通过定期拍卖商业票据融资便利等创新工具向市场投放流动性。2008年年底，量化宽松政策开始实施，美联储开始持有联邦机构债券和抵押贷款支持债券，并大幅削减联邦基金利率，使其一直保持在接近于零的水平。

三轮QE之后，美国经济呈现出较明显的复苏态势，美联储也为此付出了巨大的代价。近十年间，美联储资产负债表从9 000多亿美元膨胀到4.5万亿美元，货币政策亟待回归常态化。2014年9月，美国联邦公开市场委员会(FOMC)公布了《货币政策正常化原则和计划》，并于2015年12月启动了自2006年6月以来的首次加息。2016年，国际社会“黑天鹅”事件频发，美国年内就业状况惨淡，美联储多次推迟加息。直到2016年12月和2017年3月，美联储连续加息两次，基准联邦基金利率目标区间提高至0.75%~1%，预示着美联储正式进入加息周期。随着加息进程的确定，联邦基金利率趋向正常水平，缩表开始提上日程。近期，美联储多位高官释放了明确的缩表信号，并暗示在2017年晚些时候启动缩表计划。

美联储缩表的实际规模约为 1.3 万亿~1.4 万亿美元

首先，我们根据历年数据推算出美联储的缩表目标。本文分别采用如下两种方法对美联储缩表目标进行推算。

第一种方法是我们利用美联储在金融危机之前，也就是 2002—2007 年的总资产数据进行线性外推。若遵循金融危机前的总资产扩张路径，截至 2017 年，美联储总资产的规模应当在 1.3 万亿美元左右。假设缩表周期为 3 年、4 年和 5 年，那么对应的总资产规模分别为 1.38 万亿、1.43 万亿及 1.48 万亿美元。

但是，这种方法的局限性在于目前美联储总资产的可得数据是从 2002 年开始，而用短周期外推长周期，置信度不够。基于上述考虑，本文又采用了第二种方法，即用 1980—2007 年美国 M1 通货规模数据来推算美联储 2008—2022 年的总资产规模。

为了得出美联储总资产规模和 M1 通货规模的关系，我们先对这两者做线性回归。利用 1980—2008 年（9 月之前）的周数据，我们可以线性外推出 2020—2022 年美国 M1 通货规模的合意规模。推算结果为：2020 年、2021 年和 2022 年对应的 M1 通货规模分别为 1.06 万亿、1.09 万亿及 1.12 万亿美元。再结合得到的拟合方程式，可得 2020 年、2021 年和 2022 年美联储的合意总资产规模分别为 1.33 万亿、1.37 万亿和 1.41 万亿美元。

在后文中，我们取两种测算方法的均值作为美联储缩表的目标规模。具体来说，在 3 年、4 年和 5 年的缩表周期下，美联储的最终目标规模分别为 1.36 万 亿、1.40 万亿和 1.44 万亿美元。

接下来，我们将根据美联储金融危机前后的资产结构来分析缩表路径。2008 年之前，美联储的资产主要由美国国债和少量其他资产构成，其中国债占总资产的比重约为 83%。2008 年之后，在增持国债的基础上，美联储开始持有 MBS 和联邦机构债。截至 2017 年 4 月 26 日，美联储持有 2.46 万亿美元国债、1.77 万亿美元 MBS 及少量联邦机构债券。从不同类型债券的期限来看，MBS 的到期期限集中在 5 年以上。在《货币政策正常化原则和计划》中，美联储表示“并不预计出售 MBS 作为缩表程序的步骤”，但“长期来看美联储将仅持有可用于有效和高效实施货币政策的证券，并将主要持有美国国债，从而将美联储证券持有量对各个经济领域中信贷配置的影响最小化”。

因此，美联储在缩表初期有很大可能会先减持美国国债。如果按照危机前 83% 的总资产占比测算，最终美联储在缩表结束时要持有约 1.16 万亿美元的美国国债，具体情况根据缩表周期而变化。由此可知，美联储要卖出大约 1.3 万亿的美国国债。在此之后，美联储当前持有的大量 MBS 也会逐渐减少。当然，在这个过程中，美联储或许会跟实施 QE 一样，每月减少固定数量的美国国债和 MBS，也有可能只给出一个大概的目标，同时依据实际的实体经济和金融市场状况相机决策。

不同情况下美联储缩表对市场流动性影响的估算

无论美联储怎样操作，一旦开始缩表，就必然会对金融市场的流动性造成冲击，进而影响金融市场的稳定和利率水平。缩表的节奏和期限也成为目前市场最关注的焦点之一。接下来，我们结合不同的缩表周期，对缩表可能对市场流动性产生的影响进行估算。

此处，我们选取了美国商业银行的现金资产作为市场流动性的衡量指标。之所以选取该指标，主要是考虑到数据的可得性，同时考虑该指标与美国银行间同业拆借利率和美联储的基准利率目标的直接关系。本文选取了截至 2017 年 4 月 19 日的美国商业银行资产负债表并对其进行分析。在商业银行的所有资产中，银行信贷占到 76%，大量的信贷资产使得美国银行业流动性风险偏高。自 2014 年以来，美国商业银行的现金资产总规模一直在 2.5 万亿美元附近波动。我们假设在缩表启动前后，现金资产规模稳定在 2.5 万亿美元。

我们分两种情况对美联储的市场影响进行讨论。第一种情况是美联储不同时缩减国债和MBS，或者在第一阶段只缩减国债规模。第二种情况是美联储同时缩减国债和MBS。然后，依据不同的缩表周期估算平均每月和每年的债券减持量。最后，测算出在不同缩表周期下，每月及每年债券减持量占美国商业银行现金资产的比例。在此表 3–7–1 给出了不同情况和不同缩表周期下，美联储减持国债和MBS的月均和年均规模，以及其占美国商业银行现金资产的比重。

表 3–7–1　债券减持规模及其占商业银行现金资产比例

（单位：百万美元）

类别	减持规模及其占商业银行现金资产比例	不同缩表周期		
		3 年	4 年	5 年
国债	每月减持规模	3.69	2.7	2.1
	每年减持规模	44.28	32.4	25.2
	月减持规模/商业银行现金资产（%）	1.48	1.08	0.84
	年减持规模/商业银行现金资产（%）	17.71	12.96	10.08
MBS	每月减持规模	4.92	3.69	2.95
	每年减持规模	59.04	44.28	35.4
	月减持规模/商业银行现金资产（%）	1.97	1.48	1.18
	年减持规模/商业银行现金资产（%）	23.62	17.71	14.16
合计	每月减持规模	8.61	6.39	5.05
	每年减持规模	103.32	76.68	60.6
	月减持规模/商业银行现金资产（%）	3.44	2.56	2.02
	年减持规模/商业银行现金资产（%）	41.33	30.67	24.24

如果美联储采取比较中和的缩表策略，即在三年内只减持美国国债，那就会导致美国商业银行系统在未来三年内每年平均减少17.71%的现金储备。如果美联储采取较激进的缩表策略，即在三年内同时减少美国国债和MBS，则每年的减持规模占美国银行现金资产的41.33%。也就是说，不到一年半，美国商业银行系统的现金资产就会因美联储缩表而减少一半。在这种情况下，持有现金

资产较少的商业银行将面临巨大的流动性压力。

如果美联储把缩表任务延长至五年，即和三轮QE的持续时间大致相同，平均每年美国商业银行系统的现金储备就要减少10.08%。但是，如此一来，美联储实际的缩表周期或需要延长至8年甚至更长。这么长的缩表周期，恐怕无法满足美联储内部对尽快恢复货币政策正常化的诉求。

被动缩表与主动缩表

从2014年退出QE开始，美联储恢复货币政策正常化的进程就已经拉开了帷幕。随后，美联储的各类政策都在和市场博弈，目的是平稳推进货币政策正常化，避免过激的市场反应及可能引发的金融动荡。在正式进入加息周期后，美联储的缩表计划依然会谨慎观测市场反应，及时调整节奏和幅度，以免重蹈“削减恐慌”覆辙。

理论上，美联储缩表主要有三种手段：一是直接抛售国债和MBS；二是停止到期资产再投资；三是买入短期债券的同时卖出长期债券，缩短久期。依据目前的市场信号，美联储货币政策正常化寻求稳健，被动缩表成主流。美联储有可能会采取被动的、偏“鸽派”的缩表手段——停止到期资产的再投资。这种稳健的手段市场认可度较高，如果前期信息传递充分，市场波幅也应该在可控范围内。

但是，仅靠被动缩表既不能满足减缩的规模要求，同时也会把缩表时间拖得过长。圣路易斯联储主席布拉德日前表示，鉴于美联储目前过于庞大的资产负债表，即使停止再投资，未来多年的资产负债表的总规模依然较大。因此，在铺垫出足够的紧缩预期之后，美联储或许会在 2018 年晚些时候或 2019 年进入主动缩表阶段，并通过直接减持债券规模达到缩表的目的。

如果美联储的缩表进展顺利，美元会获得较大支撑，其他国家的货币将在中长期再度承压。虽然美联储缩表会对国内乃至全球流动性形成紧缩效应，但会对美元形成实质性支撑，尤其是欧洲和日本仍处于货币宽松的政策环境中，美联储一旦正式缩表，欧元对美元的贬值压力会继续加大。对中国来说，在人民币汇率仍缺乏弹性的情况下，美联储缩表无疑会再次引发资本外流。

短期长期挑战并存，欧央行货币政策转向不易[①]

2017 年 7 月 6 日，欧央行公布了其 6 月会议纪要。会议纪要显示，欧洲央行管理委员会普遍同意物价稳定展望基本不变，并认为当前货币政策立场适宜。如果通胀前景改善，欧央行将审视购债计划的宽松倾向。但与此同时，过早紧缩会对通胀展望产生负面影响，应逐步小幅调整指引。在这份会议纪要中，欧央行关于经济增长的措辞由 3 月的“仍存在下行风险”改为“经济增长的风险基本保持平衡”，并认为通缩风险和出现黑天鹅事件的概率可以被基本忽略。从中我们可以看出欧洲央行管理委员会对欧洲经济的复苏抱有信心。

欧央行属于策略性“转鹰”，真正的政策转向还需来自通胀的证据

我们认为，欧央行这次的态度“转鹰”属于策略性应对，并不

---

① 本文写作于 2017 年 7 月。

意味着欧央行决定要扭转货币政策的方向。从短期来看，欧央行正面临可购债务规模的限制，当前的购债计划可能会在2018年年初出现被动减少的情况。从长期来看，欧元区内部经济复苏进程分化明显，即使欧央行开始减少购债行为，也要考虑采取相对短期、有针对性的对冲操作，以避免区域性金融风险的发生。

从目前公布的多项数据来看，欧元区的经济复苏态势良好。其一，从GDP数据来看，2017年第一季度GDP的不变价同比增长2.5%，说明欧元区经济增长中枢稳定。其二，从PMI数据来看，2017年6月欧元区制造业的PMI为57.4，同比增长0.70%，创下2010年5月以来新高。同期的服务业PMI相较于5月份虽然有所下降，还是远远高于荣枯线。其三，从失业率来看，欧元区、德国以及法国25~74岁劳动力失业率自2016年以来持续下降，这与经济复苏密切相关。其四，经济的稳定复苏使得欧元区经济景气指数和投资信心指数创下新高。上述数据支持了欧元区经济持续复苏的事实，因此，欧洲央行管理委员会将欧元区经济增长风险评估上调至基本平衡。

但是，欧元区经济复苏的诸多证据中，唯独缺少来自通胀层面的切实证据。在公布的最新会议纪要中，欧洲央行比较重视通货膨胀率的持续性。管委会虽然普遍同意物价稳定展望基本不变，但对通胀和通胀预期上涨的可持续性持保留态度。这说明欧洲经济复苏尚未充分反映到价格端，欧央行迫切需要来自通胀层面的证据来证实本轮经济复苏的可持续性。

综上所述，一方面随着经济持续回暖证据的积累，欧央行必须要对此做出回应，另一方面欧央行又缺乏来自通胀层面的切实证据。因此，本次欧央行态度"转鹰"不是所谓的前瞻性指引，而是可以理解为一种策略性应对，目的是回应经济数据的回暖。应该说，这种表态距离真正的货币政策转向还存在一定距离。未来，欧央行将根据未来通胀回暖的持续性采取下一步措施。如果通胀水平迟迟不能达到欧央行的目标水平，未来欧央行货币政策立场的边际变化或许会比市场预计的要小很多。

从短期来看，欧央行正面临可购债券规模的限制

如果欧元区通胀水平在 2017 年下半年不能出现实质性回暖，那欧央行就会面临可购债券不足的窘境。在欧央行的一系列货币政策当中，最关键的工具是其扩大后的资产购买计划（Adsset Purchase Programme, APP）。资产购买计划主要由四项构成，分别为担保债券购买计划（CBPP3）、资产支持证券购买计划（ABSPP）、公共部门购买计划（PSPP）和企业部门购买计划（CSPP）。从 6 月四个项目的购买计划来看，PSPP 的购买比例达到 82.7%，由此可以看出在 APP 计划中最主要的项目在于公共部门购买计划。对此，我们可以通过观察 PSPP 项目来观察欧央行潜在的购债规模是否受限。

基于历史数据，我们对欧央行未来的购债行为进行了测算。我

们首先假设APP每个月购买600亿欧元资产，然后根据历史数据，估算出PSPP项目在购买计划中大约为510亿欧元。按照上述测算，到2017年12月底，PSPP的净购买额将达到3 060亿欧元，再根据广义政府债占净购买额的比例（约为90%），可得广义政府债大约为2 754亿欧元。

在实际操作中，欧元区各国央行要根据一定比例购买各自国债。其中，对德国购债占比为25.6%，即到2017年12月底，对德国国债的购买规模约为705亿欧元。根据彭博社提供的数据，目前的二级市场上剩余的可流通的全部德国国债市值仅剩769亿欧元。也就是说，2018年之后，市场上可供欧央行购买的德国国债还剩余64亿欧元。这意味着如果维持当前的购债规模，到2018年1月，德国国债市场将出现短缺。

从策略上讲，欧央行可以进行调整来改变这种情况，比如增加法国债券的购买比例，放松购债额度和标准的限制。但德国国债作为欧元区的基准利率定价标，其可抵押性和安全性在整个欧元区是无可替代的。一旦放松购债条件，不仅会给市场释放错误信号，还有可能打乱当前的利率结构，给市场造成困扰。对此，欧洲央行的会议纪要也显示出管委会对购债计划的宽松倾向采取审慎态度。总之，缺乏足够的可购债券是悬在欧央行头上的达摩克利斯之剑，这个问题迟早会暴露出来。

从长期来看，欧元区内部复苏分化会限制欧央行货币政策转向

即使欧央行能够解决短期的债券短缺问题，从长期来看，欧央行也依然要面临欧元区各国经济复苏分化的挑战。

作为欧元区经济的龙头，德国经济复苏强劲。德国央行近日公布了德国5月季调后工厂订单环比值为1.0%，低于预期值（1.9%），高于4月份的环比值（–2.1%），与德国制造业PMI上涨趋势一致，这表明德国经济复苏态势良好。德国经济的强势复苏将使得德国央行催促欧央行加快缩减资产购买计划。德国央行行长魏德曼也在6月底表示，经济增长和通胀都在往正确的方向运行，欧洲央行将开始讨论退出QE。

与德国的强劲复苏不同的是，欧元区各国的复苏进程不一，且有分化加剧的趋势。欧洲央行在考虑退出QE时，不得不考虑其他欧元区国家的实际复苏情况和结构性问题，如意大利银行业问题和希腊债务问题。

从经济增速来看，2017年第一季度希腊的实际GDP增长率仅为0.4%，意大利的GDP增速也仅为1.2%，均低于欧元区2.5%的GDP整体增速。从失业数据来看，2016年希腊和西班牙的失业率分别为23%和18.4%，大幅高于欧元区9.6%的整体失业率水平，与德国3.9%的失业率水平更是相差甚远。2017年3月，希腊的失业

率为 21.1%；4 月份，希腊的工业生产指数为–2.9%。经济迟迟不见回暖外加长期的高失业率将影响社会稳定。从银行不良贷款率来看，2016 年意大利的不良贷款规模超过 2 000 亿欧元，不良贷款率约 17%，而希腊的不良贷款率更是高达 37%。这些来自银行部门的风险不容忽视。总之，欧元区的整体复苏难掩内部分化的加剧。

对于欧央行来说，除了需要维持经济上行，也需要维持内部经济发展平衡。即使欧央行要缩减资产购买计划，也势必要考虑采取相对短期、有针对性的对冲操作。否则，一旦出现类似 2013 年美联储退出 QE 时出现的 Taper Tantrum（指 2013 年美联储提出要退出 QE 时引起的市场恐慌现象），有可能在意大利、希腊等国引发意想不到的金融风险。届时欧央行又会被卷入新一轮的救助，这肯定是欧央行不愿意看到的结果。

第四章

全球经济新格局

这里的“十三五”静悄悄[1]

为期四天的十八届五中全会落幕了。这次全会之所以引人瞩目，是因为本次会议将制定出《国民经济和社会发展第十三个五年规划纲要》(以下简称“十三五”规划纲要)。目前，除了中央电视台《新闻联播》播出的会议公报，以及新华社在几天之前发布的英文“神曲”《十三五之歌》，我们尚未看到“十三五”规划纲要的全部内容。在会议公报里，几乎所有的关注焦点都在“全面实施一对夫妇可生育两个孩子政策”。

“十三五”规划纲要是否有效，不能只看第二天卖尿不湿和婴幼儿奶粉的上市公司的股票会不会涨停——我们至少要等十个月之后，看看医院的孕妇是否会爆增。在未来五年，也就是“十三五”

---

① 本文写于2015年10月《十三五规划》即将出台之际，但本文的内容其实是在分析未来十三五期间中国经济发展的大趋势。回过头去看，当时本文指出的大趋势，有些已经成为现实(中美关系的变化)，有的直接体现了中央的重大决策(技术创新加快、消费结构开放)。无论时事如何纷繁复杂，这些慢变量总会稳定向前，推进时代前进。

时期，一些影响中国经济社会发展的“慢变量”会积量变为质变。这些“慢变量”将改变中国，但它们又是难以被察觉的。正如不管你察觉与否，“受到板块挤压的山峦都会缓慢地升高”。好的规划，善于审时度势。观察“慢变量”，能够有助于更好地把握“十三五”规划纲要的精髓。山不会朝你走来，你要朝山走过去。我们需要敬畏在“十三五”时期生长的“山脉”。以下是笔者梳理的“十三五”期间不可不察的八个“慢变量”。

第一个“慢变量”是中国的经济规模或将成为全球第一。多个机构的预测结果显示，大约在2020年，中国会超过美国，成为全球规模最大的经济体。这或许不能说明什么问题，毕竟中国的人均GDP还远低于美国。但是，在2010年第二季度，中国经济规模超过日本，到第三季度就发生了“钓鱼岛事件”。此后，日本对中国的态度发生明显变化，近几年更是摩擦不断。等到中国经济规模超过美国的时候，美国会不会有新的想法？全世界又会怎样看待成为全球第一的中国呢？

第二个“慢变量”是中国将进入老龄化社会的深水区。按照联合国的标准，当一个国家或地区60岁以上老年人口占人口总数的10%，或65岁以上老年人口占人口总数的7%，就意味着这个国家或地区处于老龄化社会。根据《中国老龄社会与养老保障发展报告(2014)》的预测，到2020年，中国60岁以上的老年人口将达到2.48亿人，老龄化水平将达到17.17%，其中，80岁及以上老年人口将达到 3 067 万人，占老年人口的 12.37%。也就是说，中国将在这五年内进入超级老龄化社会。虽然放开了计划生育政策，但是“远水解不了近渴”。老龄化社会并不仅仅意味着成人尿布的产量将超过婴儿尿布的产量，而且意味着养老、医疗、社保、交通等问题，都会在五年内显现。

第三个“慢变量”是性别失衡加剧。根据国家卫计委的数据，过去 30 年里，我国新生婴儿中男孩比女孩累计多出约 3 000 万。如果按照平均每年多出生 100 万来估算，那么在 1980—2000 年的 20 年间，出生的男孩大约比女孩多 2 000 万。到了 2020 年，即便是 2000 年出生的男孩也快到了适婚年龄。这就意味着大概有 2 000 万个男性找不到结婚对象。这 2 000 万未婚男性都是谁呢？他们中的很多将是没有工作、没有房子，到头来又没有老婆的绝望的单身汉——由此又将引发怎样的社会问题？

第四个“慢变量”是农民工子女的教育问题。根据教育部发布的《2014 年全国教育事业发展统计公报》数据，2014 年，农民工子女随父母进城参加义务教育的有 1 294.73 万人，其中在初中就读的有 339.14 万人；留在农村上学的有 2 075.42 万人，其中在初中就读的有 665.89 万人。由北京大学、香港大学等机构联合进行的研究表明，农民工子女中大概只有 6% 左右的孩子会有机会接受高等教育，而其余大部分都会直接进入社会参加工作。也就是说，大约有 1 000 万在读初中的农民工子女，到 2020 年就会进入劳动力市场。

这些孩子中的大部分既“不认识农村”，又“不属于城市”，到时候受到冲击的恐怕不只是劳动力市场。

第五个“慢变量”是“白领”或将成为“灰领”。1994—2011年，我国研究生招生总规模累计达到350万。按照3年学制推算，2014年我国拥有硕士以上学历的总人数为350万。那么，根据每年的招生计划外推，到2017年，我国研究生招生总规模将达到670万。也就是说，到2020年，我国拥有硕士以上学历的人才数量将比现在翻一番。这是一件好事吗？难说。用得好，这将是中国技术创新的巨大财富；用得不好，将出现“白领”变成“灰领”的现象。到那时，蓝翔技校的毕业生收入超过清华大学毕业生的收入，将不是什么天方夜谭。对此，教育投资的边际收益将大幅度递减，受过高等教育的“失败者”心态可能会进一步恶化。

第六个“慢变量”是上层中产阶层崛起。麦肯锡在《下一个十年的中产阶层》中预测，到2020年，中国中产阶层的数量将达到6.3亿。其中，上层中产阶层（家庭年收入在10万元到22.9万元之间）的占比将由2012年的12%上升到54%。按照麦肯锡给出的数据测算，未来五年内，中国将涌现出2亿左右的上层中产阶层。这部分人群有着更高的消费水平，而且可以购买来自各个国家的产品——全球市场就是为他们服务的。这些崛起的上层中产阶层会购买更多的房子和汽车，会习惯出国旅游和坐游轮，但他们也会消耗更多的能源和资源，这将影响的不仅仅是中国经济。

第七个“慢变量”是消费结构转型。未来五年里，不仅整体消费水平会发生质的变化，而且消费结构也会发生重大变革，其最主要的特点将是消费向服务业倾斜。中产阶层家庭该买的都买了，房子、车子、彩电、空调、冰箱……唯一能够大幅度增加的消费是来自对服务，如教育、医疗的消费。需求的变化又会带动产业结构的转型，继而带来就业结构和收入结构的变化——链式反应已经启动。

第八个“慢变量”是技术创新加快。随着劳动力成本的增加，劳动力密集型产业可能在倒逼机制下实现新的技术突破。与此同时，中国巨大的市场潜力也有很大可能会刺激新的技术创新，最典型的例子就是高铁技术。正是中国巨大的需求潜力造就了如此庞大的高铁市场，高铁技术的革新和推广才得以成为可能。未来5年，环保、医疗和老龄化服务等领域都是最有可能出现这种技术大突破的领域。原因很简单——只有中国才有如此巨大的需求。

中国与全球化：在正确的时间做正确的选择[①]

在过去将近40年里，中国推行了改革开放政策并实现了经济持续高速增长。这是令世人瞩目的“中国奇迹”。但是，如果对比20世纪80年代和90年代的中国经济，我们会发现20世纪80年代的中国参与全球化的程度仍然较低。20世纪80年代，中国主要推行的改革是国内改革。例如，在中国的农村地区废除了原来的人民公社制度，实行家庭联产承包责任制，给农民更多的生产积极性；给城市里的企业管理层和工人更多自主权；给予地方政府更多的自主权等。这些措施直接促进了中国经济的发展。然而，从对外贸易或外商直接投资（FDI）的角度来看，当时的中国融入世界经济的程度处于较低水平。1980年，中国的出口额仅占GDP的5.9%，是现在水平的四分之一。同年，中国对外投资16.59亿美元，而2013年，中国对外投资达到2 900亿美元。

回望过去，中国真正融入全球化始于20世纪90年代。1992年，

① 本文写作于2017年11月。

邓小平到中国南方视察，提出中国要加快对外开放，奠定了未来十年乃至二十年中国经济的基本面貌。从那之后，大量的农民工从农村进入城市，大量的外资进入中国的沿海地区。外国的资本和中国的廉价劳动力在中国的沿海地区“汇合”，组装加工成产品之后再出口到国外。这是一种非常有中国特色的对外开放模式。在这个过程中，中国和世界经济的融合程度大幅提高。质言之，中国经济之所以能够成功且迅速地融入全球化，是因为在正确的时间做出了正确的决策。

当时的国际环境也对中国非常有利。20 世纪 90 年代，冷战结束后世界全球化正处于兴盛时期，西方国家对中国的对外开放政策持善意的支持态度。当时的国际环境也相对比较稳定，国际经济正从传统的产业间贸易转变为由互联网等新兴技术推动的产业内贸易。这为中国提供了更多加入全球生产网络的机会。在这个过程中，中国不仅吸收了更多国外的资本，而且从外商投资中获得了技术的溢出效应。中国企业的学习能力非常强，所以制造业的劳动生产率提高得非常快。2000 年，中国正式加入WTO，吸收技术的能力得到进一步强化并逐渐达到顶峰。2005—2007 年，中国的进出口一度成为拉动中国经济增长的主要因素。

2008 年，全球金融危机爆发，中国的全球化进程进入了新阶段。其一，中国的贸易顺差占GDP的比例逐渐下降。其二，中国吸引的外商直接投资也开始下降。2014 年，中国的对外直接投资超过了中国吸引的外商直接投资。其三，外汇储备在2014年接近4万亿的水平之后开始回落，并于近期稳定在3万亿左右。

这些变化反映出了中国经济面临的外部变化和内部变化。从外部的变化来看，全球金融危机之后，全球化有退潮趋势，各国贸易保护主义抬头，客观上对中国经济继续扩大出口造成了障碍。从内因来看，中国也意识到过去的发展模式存在巨大的不平衡性——中国的储蓄率过高，过度重视投资——这也是导致中国外部失衡的主要原因。大量的农民工把他们的青春贡献在出口企业，企业通过向海外市场出口廉价产品赚取外汇，然后将挣得的外汇卖给中国央行，中国因此逐渐积累了巨大的官方外汇储备。但出于流动性和安全性的考虑，中国将外汇储备中的大多数投资于收益率很低的美国国债。有的观点认为，中国已经陷入了“美元陷阱”，因为这背后存在着巨大的福利损失和效率损失，而中国又很难采取积极的应对措施。

事实上，在2008年全球金融危机之后，中国提出要兼顾国内和国际两个市场，并重视发展国内市场。到目前为止，国内国外并重的战略有成功之处，但亦有值得商榷的地方。

一方面，受益于对国内市场的重视，中国的国内消费实现了较快的增长，并基本形成了新兴的国内消费市场。很多中国本土企业活跃于国内市场，尤其是一些互联网企业，如阿里巴巴、腾讯和百度等。另一方面，中国制造业升级换代的速度有所下降。外资企业不再像过去那样青睐中国。很多外资企业，甚至包括中国的本土企业，正在考虑将生产转移到印度尼西亚、越南等具有劳动力比较优势的新兴市场国家。

在新的时代背景下，中国国家领导人习近平提出了“一带一路”倡议。“一带一路”倡议的核心思想其实就是中国版的全球化。正如习近平总书记在达沃斯世界经济论坛中指出的，“一带一路”是为“共商合作大计，共建合作平台，共享合作成果，为解决当前世界和区域经济面临的问题寻找方案，为实现联动式发展注入新能量，造福各国人民。”

从整体来看,中国经济与全球化其实是一个共同演化的关系。在这个过程中，中国是全球化的最大受益者，同时也在努力调整全球化的节奏，以形成更好的合作关系。如果说中国从全球化进程中能够得到什么启示，那么最重要的就是在正确的时间做了正确的选择。

G20议题：演变与逻辑[①]

十八届五中全会刚刚闭幕，另一场重要的会议马上就要开始了，那就是G20峰会。2015年11月15日，二十国集团领导人将齐聚土耳其安塔利亚，商讨一些重要的世界性问题。目前，欧盟已经公布了6个重点关注的议题：一是联合应对难民危机，二是就业、增长与投资议程，三是青年人就业和社会包容，四是提高G20框架下的税收透明度，五是为贸易开放谋求政治动力，六是争取联合国气候变化谈判取得强有力的成果。不难看出，前3个议题都是欧盟近期面临的重大难题。

2016年，中国将成为G20峰会的主办国，选择合适的议题是中国最重要的任务之一。温故而知新。本文梳理了历届G20峰会的核心议题，并从中总结出选择议题的两大核心逻辑。

---

① 本文写于2016年中国主办G20会议的前夕。我们梳理了G20议题的演变逻辑，同时对G20议题的持续性提出了担忧。近年来，国际合作日趋弱化，G20平台的重要性也在日益降低。《抛弃宏观经济政策协调，全球经济将再一次陷入危机》或许能解释其中的逻辑和后果。

2008—2010 年：聚焦全球经济复苏，推动金融体系改革

2008 年，美国爆发的次贷危机席卷全球，各国经济均受到了不同程度的冲击。为了应对危机，主要国家迫切需要一个平台将重要经济体团结起来，共商应对之策。这个平台既要包含发达国家，也要包含新兴经济体；既要有足够的层次，又要有足够的灵活性。显然，G20 是最理想的讨论平台。于是，2008 年的G20 峰会由部长级升为元首级，并于同年 11 月 8 日在美国华盛顿召开首届“G20 领导人峰会”。这次会议的重要意义在于，欧美日等发达国家和地区第一次主动提出要改革国际金融体系。改革的核心内容涉及增加发展中国家在多边开发机构中的话语权和投票权，该倡议自然得到了新兴经济体的积极响应。但时至今日，由于美国一直没有兑现承诺，IMF 等国际机构的内部治理结构改革仍没有取得实质性进展。

随后，为进一步促进全球经济复苏，2009 年和 2010 年各举行了两次G20 峰会。这四次会议的核心议题都围绕两个关键词展开：经济复苏和金融改革。值得一提的是，2011 年 11 月的G20 峰会，除了复苏和改革两大议题之外，还增加了有关汇率和全球金融安全网络的议题。就在此次峰会召开之前，美联储宣布实施第二轮量化宽松（QE2）政策，向市场注入 6 000 亿美元的流动性，这一举动引起了很多国家的指责。结果，这次峰会成为了中美角力场，争锋焦点是汇率问题——美国批评中国低估人民币以刺激出口，中国指

责美国的量化宽松计划导致美元贬值。最终，会议要求双方都表现出一定的克制。但事后来看，这对美国并没有形成实际的约束力。在人民币逐渐升值、不断向所谓的“均衡汇率”调整的同时，美国反而在第二轮量化宽松之后又启动了第三轮量化宽松。

2011—2012 年：欧债危机成功“上位”，金融改革被“打入冷宫”

2011 年的G20 峰会在法国戛纳举办。当时，欧洲主权债务危机正不断发酵，逐渐成为世界经济复苏进程中最大的不确定因素。本次会议原定的四大议题为：国际货币体系改革、大宗商品波动控制、欧债危机和全球治理。由于轮值国——法国正好是欧元区成员，欧债危机成功“上位”，成为G20 峰会焦点。根据前财政部副部长朱光耀的观点，在 2011 年的峰会上，国际货币体系改革的核心议程完全被欧洲主权债务危机给挤掉了。但是，戛纳峰会在国际金融体系改革的议题上还是取得了一定成果。例如，各国同意进一步向国际货币基金组织增资，并最晚在 2015 年对货币篮子进行审查，符合标准的货币将被纳入。在符合标准的货币中，最重要的候选货币就是人民币。我们预计，是否将人民币纳入SDR的决定会在 2015 年G20 峰会结束不久后公布。

2012 年在墨西哥洛斯卡沃斯举办的G20 峰会也把“应对欧债

危机”放到了首要位置。德国总理默克尔在赴会前就表示，欧债危机将成为斯卡沃斯峰会的主导议题。会后的公告表示：“将采取一切必要措施，维护该地区的完整性和稳定性，改善金融市场运作，打破主权债务与银行债务之间的恶性循环。”

除了对欧债危机的应对达成新的共识，2012 年的洛斯卡沃斯峰会另一层意义在于，这是G20 峰会第一次在新兴市场国家举办。中国等新兴经济体因同意向IMF增资而成为这次会议的另一个焦点。不仅如此，接下来的 4 次会议都将在新兴经济体举办，G20 议题也开始反映新兴经济体的诉求。

2013—2014 年：重回经济增长

2013 年，全球工业生产和贸易疲软，世界经济增速继续小幅回落。2013 年，美国经济增长 1.9%，比上年放缓了 0.9 个百分点；欧元区经济下降 0.4%，降幅比上年扩大了 0.2 个百分点；俄罗斯、印度和南非经济增长增速分别比上年放缓 1.9、0.3 和 0.6 个百分点。随着欧洲主权债务危机开始缓和，G20 峰会的焦点再次回到经济增长上。2013 年的圣彼得堡峰会的首要议题就是增长与就业问题。2014 年澳大利亚主办的布里斯班峰会更是聚焦在了增长上，主题就定为“经济增长、就业与抗风险”。在这种努力下，布里斯班峰会开创性地提出了一个明确的增长目标，即在 2018 年之前，G20 整体的GDP额外增长2%以上。

有意思的是，从2013年起，加拿大国际治理创新中心（Centre for International Governance Innovation，下简称CIGI）每年针对全球经济治理情况进行调查。CIGI的调查分为5个维度，分别是宏观经济政策合作、金融监管的国际合作、发展、国际贸易和气候变化。然后，CIGI研究员从这5个维度出发，评估过去一年里全球经济治理是进步还是退步，并在0~100%之间打分。最后，CIGI算出研究员打分的平均值，并在每年G20峰会之前发布结果。

从结果来看，2013年CIGI给出的分数是30%，2014年的则是38%。20%~40%意味着“少量退步”，表明这一年的表现不足以支持化解危机的长期信心。而且，一旦出现外部冲击，世界经济的脆弱性将暴露无遗。由于这种评分标准是与上一年对比，两次评分都低于40%则表明G20框架下的全球经济治理水平在逐年下降。与此同时，在2013年的调查中，尽管宏观经济政策和金融监管国际合作的评分相对较高，但研究员一致认为，G20在国际经济治理的谈判和安排上是退步的。2014年的调查显示，金融监管的国际合作取得了一些进步，但在宏观经济和贸易合作上仍在退步。

议题选择的两大核心逻辑

我们从历届G20议题的演变中总结出了两大核心逻辑。

其一，G20 的议题会兼顾突发性和延续性。2008 年金融危机以来，全球经济复苏进程一直比较缓慢，因此经济增长始终是G20讨论的核心议题。然而，欧债危机的突然升级让应对欧债危机成为2011—2012 年G20 峰会的核心议题。可想而知，2015 年在欧洲爆发的难民危机极有可能成为土耳其G20 峰会上的重头戏。利用G20的平台讨论突发性事件，最大的好处在于能尽快在各国间达成共识，有助于此类事件的解决。但是，兼顾突发性和趋势性的风险在于突发事件有可能“绑架”议程，导致反映趋势性问题的既定议题得不到充分讨论。这又会使一些已经达成的目标，如布里斯班会议上达成的增长目标迟迟不能实现，最终影响全球经济的发展。

其二，G20 议题以经济增长和金融改革为中心，辅以其他议题。例如，除了增长和改革两大核心议题外，2011 年的戛纳会议就讨论了大宗商品价格波动的问题，2012 年的会议讨论了食品安全和气候问题，2013 年的会议则是讨论了反腐败问题。增加有特色的议题固然好，但也容易分散会议的焦点。特别是在某些关键领域的改革难以达成共识的情况下，这些特色议题就很容易成为转移焦点的工具。倒是 2014 年的布里斯班峰会，聚焦经济增长，并最终在增长问题上取得了实质性的成果。

抛弃宏观经济政策协调，全球经济将再一次陷入危机[①]

当前，G20已经成为全球宏观经济政策协调的主要平台。相比于其他的政策协调平台，G20有其独特的优势。第一，G20平台上既有主要的发达国家，又有许多备受瞩目的新兴经济体。这种包容性顺应了世界经济格局的变化，各成员国可以在G20平台上平等地发出自己的声音，有助于各国达成共识，推进政策协调。第二，G20的前身是财政部长和央行行长会议，有着良好的交流合作基础。财政部和中央银行是各国最关键的宏观调控部门，在实施宏观经济调控方面有着丰富的经验。目前，各国央行和财政部之间已经形成了较为紧密的联系网络。第三，G20领导人峰会有较高的权威性，可以最好地传递信心。在G20成立之前，从没有一个国际协商机制能够定期让这些重要国家的领导人聚在一起，就现实议题发表联合声明。对此，G20峰会能更好地反映出各国坚持合作、共同应

① 本文写作于2016年8月。

对挑战的决心。

但是，随着全球贸易持续低迷，各国经济逐渐分化，国际宏观经济政策协调逐渐陷入困境：面对各种紧迫或长期的复杂问题，各国政府束手无策；各项已经确定的合作事项迟迟难以推进；成员国之间的矛盾和冲突不断加深。这首先是因为全球金融危机动摇了人们对全球化的信心。金融危机之后，世界经济持续低迷。哈佛大学经济学家本杰明·弗里德曼在其《经济增长的道德意义》一书中指出，当经济增长速度比较快的时候，人们的心态也会更加平和，人们会更开放、更慷慨、更团结友爱；当经济经历衰退时，人们就会变得更加保守和排外，合作也就更难达成。在过去 50 年间，全球化取得了巨大成就，像美国、中国这样的大国均为全球化的主要受益者，政府和公众普遍支持全球化。然而，2008 年金融危机以后，世界经济失去了增长的动力，全球化红利开始减少，各国继续推进贸易、金融和投资等领域自由化的意愿减弱。

其次，这是因为宏观政策决策已进入未知水域，不确定性骤增。为了应对 2008 年金融危机，美联储大规模推行非常规货币政策。此后，许多国家开始实行负利率政策，日本央行甚至可能会实施“直升飞机撒钱”式的货币政策。各国债务负担急剧增加，这些政策从长期看很难持续。市场和企业从未经历过这些新的宏观经济形势和货币政策。市场将如何应对？应对的结果如何？会不会有溢出效应？这些问题都尚无定论。对此，各国政府都采取了“边走边试”的办法，但往往更倾向于采用保守的政策加以应对，对更紧密的宏观经济政策协调心存疑虑。

最后，各国依然奉行利己主义的传统观念。经典经济学理论指出，每个人都遵照自己的利益做出决定，然后依靠“看不见的手”就能达到整体最佳效果。各国决策者也认为，每个国家根据自己的情况做出对本国最优的政策选择——如果每个国家都达到了最优，那么最终的结果对全球经济也是最优。这种信念忽视了世界经济相互依存的现实，也忽视了各国宏观经济政策之间可能存在的“溢出效应”和“溢入效应”。

2008 年金融危机至今已经 8 年，全球经济仍没有全面复苏，国际贸易规模也没有恢复到危机前的水平。在全球经济持续低迷的背景下，诸多深层次问题可能会恶化，如收入差距等。这些问题的恶化很容易激化现有的社会矛盾，并引发社会动荡，这将使得全球宏观经济政策协调受到更多的掣肘。一旦国内矛盾加剧导致社会出现动荡，部分政客为转移社会矛盾，就会把民众的视线转移到外部问题上来。如此一来，部分国家的民粹主义会进一步抬头，进而在经济领域就很容易滋生贸易保护主义。如果各国都奉行保护主义，并出台“以邻为壑”的宏观政策，那么世界各国，特别是主要大国就可能陷入“囚徒困境”。至此，世界经济正面临着前所未有的危机：如果各国放弃全球宏观经济政策协调，持续低迷的全球经济就难以全面复苏，甚至很有可能再次陷入危机。

第一次世界大战和第二次世界大战的历史教训证明了这一点。“一战”结束之后，各国为了刺激本国经济、保护本国利益，竞相以货币贬值刺激出口，贸易保护主义盛行。结果，“一战”结束后各国经济问题非但没有得到缓解，反而因缺乏合作而更加恶化，最终导致大萧条、纳粹等反动政权上台，以及第二次世界大战爆发。

因此，世界各国亟须加强全球宏观经济政策协调，确保各国在议定框架下加深合作，共同促进经济发展。具体来说，可以从以下五个方面强化宏观经济政策协调：

第一，各国应采用综合方案促进经济发展。经济发展的长期动力在于改革。应对经济衰退，各国不能仅凭财政政策和货币政策的刺激，更应结合本国经济的实际问题，切实有效地推进结构性改革。因此，各国的综合性方案中应该既包含稳增长的宏观稳定政策，同时还应出台推动结构性改革的政策。通过货币政策、增长友好型财政政策、财政整顿计划和结构改革，标本兼治，提升各国增长潜力。

第二，各国应明确以推动国内改革来解决问题的决心。在全球经济一体化日益深化的今天，任何国家都不能脱离其他国家而独自发展。各国应从本国的实际问题出发，坚持用推动型方法和策略应对各类问题，避免借助货币战、贸易战等“以邻为壑”的政策转嫁危机。与此同时，各国应获得更大的政策空间，用以缓冲对外经济开放可能对本国带来的负面冲击。对于发展中国家而言，由于在全球经济中处于相对脆弱、被动的地位，更需要这样的缓冲政策。

第三，努力营造鼓励政策协调的国际氛围，寻求共识，共同行动。重要经济体之间应该率先做出推进政策协调的努力，以实际行动倡导、鼓励、支持其他成员国参与宏观政策协调，并推进宏观政策协调在各领域全面深化。各国在解决本国问题时，要充分考虑本国和外国政策的外溢性。各大型开放经济体货币当局在进行货币政策决策时，可综合分析国内外形势，将其他大型开放经济体货币政策给本国带来的外溢性纳入考量，从而最大化本国的福利。与此同时，各国应就宏观经济政策协调问题达成基本共识，创新财政和货币等政策的合作机制，并在必要时对拒绝参与协调的成员国施加适当压力。

第四，构建可用于测度政策的指标体系。为促进各国持续推进改革，加强政策协调，应考虑构建一套成员国基本认同、可以用于测度政策的指标体系。对此，应充分利用T20（Think Tank 20，即二十国集团智库会议），在各国智库的共同努力下完成指标体系的设计和构建，确保指标的科学性、公正性和包容性。理想的指标体系应至少包含三个模块，分别用于测度政策的全面性、实际推行程度及实施效果。

第五，加强联合研究和信息沟通。其中，加强各国政府与智库之间、各国智库之间的沟通，充分发挥智库的“第二轨道”作用。

与G20同时运行的还有政策讨论平台T20。T20是G20峰会的重要配套会议之一，是全球智库代表为G20贡献智慧与思想的重要平台，并以其对历年G20峰会政策决定和实施的重要影响力而备受瞩目。各国政府和各国智库应借助T20平台和其他合作机制加强联合研究和信息沟通，为政策协调提供及时的政策信息和重要的理论支撑。

中美经济竞赛：跑得快的能不能赶上跑在前的[①]

经济实力是决定大国关系的重要因素。美国是世界上最大的发达经济体，中国是世界上最大的发展中经济体，在中美经济实力的竞赛中，美国占了先行优势，中国则有赶超优势。过去，中美之间经济实力相差悬殊，这使得美国可以以一种居高临下、“善意忽视”的态度对待中国，两国之间保持了相对稳定的双边关系。如今，中国已经崛起为世界第二大经济体，美国逐渐将中国视为主要的竞争对手，在两国关系的态度上戒备大于合作。中国国内也有不少民众认为，中国的经济实力已经足以与美国相抗衡。跑得快的能不能赶上跑在前的？展望未来，我们该如何预判中美经济实力的对比？

中国经济的总量优势越来越明显

在过去 30 多年里，中国经济得益于人口优势和后发优势，实

① 本文写作于 2017 年 11 月。

现了快速增长。在许多经济指标上，中国已经超过美国，如工业增加值、全球贸易占比和购买力平价计算的GDP。中国的工业增加值在2009年时超越美国，到2015年，差距已经扩大到1.3倍。从出口贸易额来看，中国商品出口总额在2010年已经显著超越美国，成为全球第一大商品出口国，商品服务出口总额在2013年也超过了美国。2016年，以购买力平价计算的中国GDP占全球GDP的18%，同期美国GDP只占15%。

比较美国各州和中国各省，也能看出中国经济的赶超势头。美国排名前三的州的地区GDP总量加起来（约5.74万亿国际元[①]）已经不敌中国排名前三的省（约6.41万亿国际元）。中国经济实力最强大的三个省份为广东、江苏和山东，这三个省的经济总量均已超过美国排名第二的得克萨斯州，仅次于加利福尼亚州。广东省是中国的排头兵，加州是美国的排头兵，考虑到广东省近五年的经济增速均高于7.5%，同期加州平均增速在3.5%左右——广东的地区GDP（以国际购买力平价核算）在四五年内超越加州的可能性很大。

如果按照以市场价格核算的GDP总量来看，中美两国还有一段距离，但差距正在逐渐缩小。细分区域对比，虽然广东、江苏和山

---

① 国际元：International Dollar，也称为Geary-Khamis dollar，是用于不同货币计价的经济体和国际组织之间进行价值比较的计价单位，国际元的转换不仅考虑了不同货币之间的汇率水平，还反映了购买力平价和国家间平均商品价格差异。根据世界银行换算标准，2016年1国际元=3.474元人民币。

东仍然落后于加州，但都可在美国各州GDP排名中名列前四位，且广东和江苏与得克萨斯州和纽约州的差距并不算大。

美国的综合实力依然强大

从综合经济实力来看，美国超级大国的地位仍未被撼动。首先，美国仍然是全球金融和世界货币体系的主导者——华尔街的投行控制着全球50%的市值，美国的基金经理管理着全世界约55%的资产，全球接近一半的债券都以美元发行。由于美元国际货币的特殊地位，美联储充当着世界央行的重要角色，其货币政策对全球资产价格均有显著的溢出效应。美联储每一次重要政策出台，各国金融市场都会受到影响，甚至可能引起某些地区的金融动荡。

其次，美国在科技实力和创新能力方面的领先地位依然较为稳固。过去一百年，美国引领了一代又一代的技术变革：从电气时代到20世纪70年代以来的信息技术革命，再到今天的云计算、大数据和智能化生产。硅谷科技五巨头[①]的市值加起来已经超过3万亿美元，体量相当于全球第五大经济体。2017年第二季度，尽管阿里巴巴集团和腾讯公司挤进全球前十大市值最高的公司，但二者加在一起仍低于苹果公司的市值。中国在科技领域虽也开始逐渐发力，

① 硅谷科技五巨头是指美国苹果、字母表、微软、亚马逊和脸书5家科技公司，是目前世界上最有价值的5家上市公司。

研发投入占GDP比重逐年上升。2016年，中国申请人共提交了4.3万件PCT（专利合作条约）国际申请，仅次于美国和日本。但由于技术积累的不足和创新体制上的落后，中国未能拥有大量核心技术，这限制了中国成为真正意义上的科技强国。

最后，应该正视中美两国在人均GDP上的差距。人均GDP是衡量一个国家富裕程度的最重要指标。即便以购买力平价核算的人均GDP来计算，中国最富裕的省份——江苏省仍落后于美国最“穷”的密西西比州。如果从人均GDP看区域差距，中国的区域不平衡程度远大于美国。在美国，纽约州是美国最富裕的地区，人均GDP是密西西比州的2倍多。在中国，2016年，天津、北京和上海三个直辖市以及江苏和浙江两省的人均GDP都超过了世界银行规定的高收入国家水平（12 236美元），但中国最贫穷的甘肃省的人均GDP还不到江苏省的三分之一。

比赛的“下半场”，中国还能加速吗?

世界经济史上不乏世界第二追赶世界第一的先例。美国就是在“二战”后超越英国，成为世界上最强大的国家的。当时，大英帝国早已衰落，而美国经济正处在蒸蒸日上的黄金年代。20世纪80年代末，日本试图追赶美国，但“上半场”刚结束，日本经济就陷入了萧条。今天中美经济实力的较量又是另一番景象：中国还在变得更强大，美国也还没有走下坡路。“下半场”，中国还能加速吗？跑得快的能够超过跑在前的吗？

一方面，中国的经济增长和消费潜力巨大，在移动互联网等科技领域有弯道超车的趋势。另一方面，前期促使中美实力差距快速缩小的因素正逐渐消失，传统的增长引擎失效，这为中国经济的未来可持续发展带来不小的挑战。经济结构优化与经济增长动力转换的成败对后续中国经济的走向很是关键。

中国劳动年龄人口从 2012 年开始连年下滑，长期低生育率带来严峻的人口老龄化挑战。1980 年，中国社会的年龄中位数是 22 岁——中国是一个典型的年轻发展中国家；2015 年，中国社会的年龄中位数上升到 37 岁，几乎跟美国社会持平。据联合国预测，2050 年中国人口结构急速老龄化的后果将最终显现，届时人口年龄中位数会变成 50 岁；美国由于人口结构长期比较均衡，年龄中位数会在 42 岁左右，比中国还要年轻。在知识经济时代，高素质的年轻人口是经济增长的长期动力，也是一个国家经济实力和竞争力的重要组成部分。从这个角度，中国的人口优势将会变成人口劣势。

后发优势使得中国在经济增长初期可以引进和模仿发达国家的先进技术，从而低成本地实现技术进步和产业结构转型，但如今自主创新能力的不足却限制了中国产业进一步升级的潜力。中国虽然已经是制造业第一大国，但尚未摆脱在全球产业链中的中低端处境。更重要的是，相较于美国多元产业结构、消费驱动的经济特征，中国仍是一个投资拉动的经济体，内生动力不足。综上所述，目前中国与美国在经济实力对比上仍有差距，但中国经济增长与实力提升的潜力可观。中国能否在与美国经济实力较量的“下半场”取得速度优势，取决于中国能否把握时机，通过合理开展结构性改革释放经济增长的潜力。中国仍然要做好“跑长跑，甚至跨栏”的准备。

重视英国脱欧的连锁效应[①]

英国脱欧成为21世纪以来最大的黑天鹅事件，并引发了全球资本市场的剧烈震动。此前，几乎所有的市场机构和专家还都认为，这次公投是英国要挟欧盟给予自己更多特权的筹码。从表面来看，这是卡梅伦政府贸然许下空头支票的后果，但它实际反映的是金融危机的政治后遗症。

2008年金融危机之后，全球的政治秩序发生了深刻变化。正如弗里德曼提出的“经济增长速度与人们心态变化的关系”，英国的公投结果很好地反映出这一点。移民问题始终是脱欧派反复强调的理由，他们完全无视移民群体对英国本土劳动力的补充效应。曾在2014年试图独立的苏格兰地区，最终选择留在欧盟。作为精英阶层聚集地和全球金融中心的伦敦，所有选区的结果也都是选择留在欧盟。临近公投前的一项民调显示，多数年轻人都支持留在欧盟，而中老年人中的大部分选择退出欧盟。

---

① 本文写作于2016年7月。

明确英国脱欧的实质之后，还应高度重视英国脱欧可能引发的连锁效应。公投只是脱欧的开始，英国离最终脱欧还有很长一段路要走。但是，英国脱欧会对许多重大事件产生一系列影响，我们应重新审视并评估这些事件可能发生的概率。

首当其冲的是苏格兰问题。2014 年，苏格兰发起独立公投，结果 55% 的苏格兰人民选择留在英国。但在本次英国脱欧的公投中，苏格兰 32 个选区全部选择留在欧盟。显然，在苏格兰人民看来，留在欧盟更符合自身的核心利益。面临被迫离开欧盟，苏格兰很可能会发起新一轮的独立公投，而这次选择独立的理由要比 2014 年明确得多。此外，英国独特的政治理念决定了它并没有过于强调国家统一。2014 年，英国皇室和时任总统卡梅伦曾明确表态希望苏格兰留在英国，但会尊重苏格兰人民的选择。一旦苏格兰做出独立的决定，将不会受到来自英国本土的过多压力。综合来看，苏格兰最终独立的可能性不容小觑。

其次是英国脱欧的示范效应。美国共和党参选人特朗普反复宣扬“美国优先”的孤立主义，而此时英国正好做出了退出欧盟的决定，这反映出西方国家的民众已经发生变化。新的现实要求应重新评估英国脱欧对欧洲内部的示范效应。公投之后，许多欧盟国家的反对党纷纷提出要进行脱欧公投。这些国家，年龄结构跟英国相似，也同样面临移民问题。更重要的是，这些国家在金融危机后大多又经历了欧债危机，由此导致的政治后遗症或许更严重。考虑到这些不安定因素，这些国家完全有条件“复制”英国的脱欧模式——反对党利用民众对现实的不满来煽动民意，政府迫于民意压力选择公投。

假如欧盟最终走向分裂，很可能出现的结果就是南、北欧的分化。其中，北欧以德国、荷兰、比利时等相对发达的国家为主，处于中部位置的法国也应属于北欧阵营；南欧则包括意大利、希腊、西班牙等国家。从表面来看，北欧的力量相对较强，但其实这些国家存在非常多的问题，如人口老龄化和高福利问题。一旦欧盟分裂甚至欧元区解体，北欧国家的发展前景并不光明。以德国为例，欧元区成立以来，欧元升值的幅度大大低于德国马克的升值幅度，德国始终享受着欧元被低估带来的贸易福利。一体化的欧洲还让德国拥有更大的市场，德国因此得以维持出口导向型发展战略并保证相对更高的经济增速，从而在欧元区乃至整个欧洲拥有更大的话语权。如果欧盟及欧元区出现分裂，北欧国家的币值就会被重估，进而出现大幅升值，此前享受到的贸易便利也会消失。这就会直接影响到这些国家的经济发展，而经济增速的下降也会导致许多潜在问题。

相比之下，南欧国家反而可能面临比较乐观的前景。欧洲分裂可能导致的直接后果有两个：一是南欧国家的货币在重估之后出现大幅度贬值，二是会对这些国家的现有债务进行重组。南欧国家的债务负担普遍较重，且囿于欧盟和欧元区的规定而无法发挥财政的自主性。最典型的例子是希腊。希腊本不必经历严重的经济衰退，但由于身处欧元区，危机当前的希腊非但不能采取财政扩张措施，而且不得不实施强制性的财政紧缩，最终使总需求大幅减少，经济陷入严重衰退。欧洲分裂之后，这些国家便不再受到财政束缚，经济自主性会显著提升，债务重组将成为大概率事件。与此同时，货币贬值会增加这些国家的出口竞争力，当前低迷的国内经济就会因此出现快速反弹。拉丁美洲国家的类似经历证明了这一过程的合理性，最典型的例子就是阿根廷。21 世纪初，阿根廷曾面临严重的债务危机，但在阿根廷比索大幅贬值和大规模债务重组之后，阿根廷经济迅速复苏，连续 4 年实现年均 9% 左右的经济增长。

综上所述，英国脱欧虽然出乎意料但并非不可理解。鉴于英国脱欧可能引发一系列的连锁效应，我们应重新评估许多重大事件的发生概率，并做好相应准备。

意大利公投短期冲击可控，中期挑战更大[1]

意大利修宪公投在即，国际金融市场避险情绪日益高涨，意大利国债收益率不断创出新高。作者认为，公投成功有利于修复市场信心，而公投失败在短期内会推高意大利国债收益率，但冲击幅度可控。意大利面临的挑战更多来自于中期的不确定性，能否在可预见期内推动实质性改革成为修复市场信心的关键。在中期不确定性持续增加的情况下，意大利国债收益率或许会持续保持高位，并有可能陷入高利率与高债务的恶性循环之中。

意大利修宪公投恐难成功

12 月 4 日，意大利将迎来修宪公投。此次意大利公投的主题是

---

① 本文系中国人民大学重阳金融研究院全球宏观系列报告之一，写作于 2016 年 11 月。本文的写作背景是意大利总统发起修宪公投引起的金融市场扰动。本文明确指出，意大利的中期挑战更大，债务问题和银行业问题都会成为阻碍意大利经济持续复苏的阻力。今年，意大利五星运动党上台再次引发了市场对意大利的担忧和金融市场的波动。导火索换了又换，背后的逻辑却没有发生实质性改变。

政治制度改革。意大利现任总统伦齐曾于 2014 年 4 月在大选中胜出时提出政治改革议案，核心是改革意大利两院制的议会制度，削弱上议院的权利。如果赞成者获胜，则意大利将降低参议院的地位并削减地区政府的权力。鉴于议会的权力来自宪法，因此要削弱议会的权利需要举行公投来决定议案是否可以立法。

如果公投成功，意大利政局动荡和政治体制问题有望得到改善，届时意大利政治形势将会更稳定，伦齐也将得以顺利进行经济改革；如果公投失败，伦齐或将按照此前承诺辞职卸任，政府面临重新组阁，民粹政党“五星运动党”有望执政并将就意大利是否脱离欧盟举行公投。就目前的民调结果来看，当前公投失败的概率大于成功概率，因为伦齐政府表现不尽如人意，民众负面情绪广泛存在。根据意大利 4 家民调机构最后一次调查的数据，反对修宪的人数占比较高，显示出公投失败的概率较大。

公投导致的短期冲击可控

临近公投，风险和不确定性带来市场动荡，担忧情绪推动意大利国债收益率节节走高，且与德国国债收益率利差不断扩大。8 月以来，意大利各期限国债收益率全面飙升：3 年期国债收益率报 1.03%，创 2015 年以来最高；10 年期国债收益率报 2.14%，创 2015 年 9 月以来最高；30 年期国债收益率报 3.14%，创 2015 年 7 月以来最高。与此同时，意大利 10 年期国债收益率相对同期德债利差扩大至 2014 年 10 月以来最高水平，达 1.9%。

如若公投失败，金融市场情绪受冲击在所难免，短期内市场风险担忧情绪难减，预计意大利国债收益率也将再创新高。但是，该事件的影响已经持续近 4 个月，前期的投资者情绪和信息已经大部分反映在当前的利率中。笔者认为即使公投失败，对债市的短期冲击不会太大，处于可控范围。

中期债务问题是关键，警惕高利率与高债务恶性循环

一直以来，市场对修宪公投的最大担忧来自公投可能引发的意大利脱欧。但即使公投失败后伦奇下台，五星运动党取而代之，只要意大利政府不表现出坚定的脱欧意向且继续推动实质性改革，市场亦不会过度看空意大利。同时，脱欧公投也非一时之功，机构冗余的意大利政府本身就会成为脱欧的阻力。反之，假使公投成功之后伦奇政府依然没能推动国内改革，届时的看空情绪恐怕比现在更强烈。

因此，无论是时间上还是逻辑上，从修宪公投到意大利脱欧之间仍有不小距离。换言之，意大利的中期形势极不明朗，充满不确定性，而持续增加的不确定性又会催生市场避险情绪，从而导致意大利国债收益率居高不下。如若如此，债务高企的意大利或将陷入

高利率与高债务的恶性循环之中。这是因为国债收益率持续高位，必将进一步加重意大利债务负担，引发市场对其债务持续性问题的担忧而招致国债进一步遭到抛售。同时，意大利银行本身坏债高企，其主权评级被评级机构进一步下调的可能性也很大，这将加剧债务危机并使得公债最大持有者——意大利银行面临更大困境。在此情况下的意大利国债的下跌逻辑或将实现高利率与高债务的自我强化。

首先，国债收益率高于一定水平意味着债务不可持续。2008年以来，意大利的政府债务占GDP比重呈现出不断上升态势。截至2016年6月，这一数值已达135.50%，远高于同期欧元区的91.20%，且在欧盟成员国中仅次于希腊的政府债务占比。政府债务和GDP分别代表了偿债压力和偿债能力，因此这一远超100%的比例意味着意大利偿债能力已然不足。而债务持续需要依靠新债偿还旧债，导致收益率上涨，进而增加了政府融资成本，加重了债务负担。当前意大利10年期国债收益率达2.14%，想要收支平衡也就意味着国债规模须以这个速度上升，这将从融资成本和规模上加重政府债务。攀升的收益率又意味着攀升的偿债负担，远非当前0.9%的GDP增速所能及，因此在国债收益率高于一定水平的情况下，债务难以持续。

其次，债务问题加剧，加上银行业岌岌可危的局面，或将进一步促使国际评级机构下调评级，再次引发国债抛售。目前意大利银行的坏账率已高达 17.97%，但即便是在 2008 年金融危机爆发的时候，美国银行业的不良贷款率也只有 5%。同时，意大利银行业持有的不良资产规模约为 3 600 亿欧元，约占欧元区银行业不良资产总额的三分之一。意大利银行是意大利国债的最大持有方，因此国债收益率攀升和国债价格下跌，也将进一步加剧银行经营危机，严重时重蹈次贷危机覆辙的可能性也不可忽视。在此情况下，意大利国债也面临着评级遭下调的潜在风险。评级水平是国际投资者极为关注的因素，一旦出现下调，国债的抛售必不可免，当年希腊债务危机的序幕也正是由三大信用评级机构相继调低希腊主权信用评级而被揭开。

再次，欧央行退出量化宽松在望，购债规模缩减，难托底意债。当前全球“放水闸门”转向关闭，宽松的货币政策面临拐点。在美国经济企稳回升的情况下，美联储加息预期不断升温，美元随之走高。当前美元指数已突破 102，创 2003 年 3 月以来新高。强势美元带来全球流动性收紧——日央行停止扩大量化宽松规模，中国央行转向实质稳健的货币政策，土耳其央行意外加息，而欧央行也显示出要缓慢退出超宽松刺激的态度。如果欧央行开始逐步缩减购债规模，那就意味着其抛券意愿强烈的同时，购券力量也在减弱。

但事情或许有两个转机，其一是经济正在缓步复苏中，其二是赤字规模有所缓解。这意味着虽然意大利债务高企是不争事实，但仍有改善、好转的趋势。若五星运动党上位后能较快出台相关措施，提振市场增持其国债的信心，使收益率能够有所回落，将弱化以上传导逻辑，并为其债务问题的解决争取空间。

总体而言，意大利修宪公投的短期影响处于可控区间，中期不确定性催生的国债收益率高企是意大利面临的最大挑战。在避险情绪的推动下，意大利国债收益率或将持续保持高位，进而会使已经承受债务高企和银行业危机的意大利经济雪上加霜，并引发投资者对意大利债务持续性问题的担忧，从而进一步推高国债收益率，最终使意大利陷入高利率和高债务的恶性循环。

法国大选未出意外，马克龙任重道远[①]

2017年5月7日，法国总统选举第二轮投票结束。法国内政部于5月8日公布投票统计结果，法国前经济部长、“前进”运动候选人埃马纽埃尔·马克龙获得66.10%的有效选票，成功当选新一任法国总统。随着马克龙的最终当选，法国国内的经济自由化政策、欧洲内部“单一市场、单一货币及竞争政策”等重要议题在未来均可获得较大支持。但是，由于马克龙缺乏坚实的政治基础和党派支持，接下来的议会选举很可能会出现“联合政府”局面。此外，法国大选过程清晰反映出当前法国社会各阶层的撕裂状态，不同阵营在重大问题上分歧严重，政府财政赤字、就业低迷与难民危机等问题依然悬而未决。因此，振兴法国经济、弥合法国社会阶层裂痕，以及巩固法国在欧洲内部地位的任务都将持续考验马克龙的执政能力。

---

① 本文写作于2017年5月。

“黑马新贵”马克龙

在23日举行的法国总统选举第一轮投票中，“非左非右”的“前进”运动候选人埃马纽埃尔·马克龙和极右翼政党国民阵线候选人玛丽娜·勒庞（Marine Le Pen）得票领先，分别获得24.01%和21.30%的支持，进入到第二轮投票。

马克龙是典型的精英派，他身上有许多标签，如“名校生”“银行高管”“最年轻的经济部长”等。这些标签给公众塑造出“年轻有为、励精图治”的形象，使马克龙得到法国西部和大都市区在全球化中受益的人群的广泛支持。但是，马克龙缺乏从政经验，在政治上依然属于新手，其良好的背景则被对手解读为“不接地气的特权阶层”，这让部分饱受失业困扰的普通法国民众难以接受他。

偏自由化的政策主张

本次法国大选是法国民众对全球化，特别是欧洲一体化的态度体现，最终结果对欧元区、欧盟乃至全球经济的未来走向都会产生深刻影响。马克龙积极倡导新的增长模式，主张经济自由、贸易开放、为企业减轻负担，同时也强调财政开支对投资和消费的拉动作用，具体包括如下几方面：

首先，在增加就业方面，马克龙主张针对用工制度进行改革。

马克龙认为应给企业松绑，具体措施包括增强企业用工弹性、赋予雇主随时解聘的权利，以及降低企业缴纳的高额社会分摊金等。与此同时，政府要采取提高失业保险金、改革专业培训制度、增加100万个培训名额等措施来提升求职者的职业技能。其次，在减税方面，马克龙倾向于通过减少企业税来刺激再生产。马克龙想通过减税来激励企业研发创新，承诺逐步将企业税从现有的33%下调至25%。在个税方面，马克龙主张改革巨富税（税率平均为75%），减免中产阶层（约80%的法国家庭）的居住税。再次，在贸易方面，马克龙的贸易主张属于中间偏右状态，即有保留地支持自由贸易。他赞成欧盟此前签署的一系列协定，但同时也认为欧盟同其他经济体签订新的贸易协议时，其他经济体要严守欧盟在安全、社会保障和环境方面的标准。此外，在产业发展方面，马克龙提倡发展新兴产业。马克龙比较重视信息化、数字化和现代化的生态产业发展，明确提出投资100亿欧元设立创新型产业基金，并将清洁能源、生态保护和有机农业列为重点建设的项目。最后，在脱欧议题上，马克龙是比较坚定的"留欧派"。马克龙赞成法国在欧盟框架下继续同各国开展合作，并留在欧元区。同时，他也提出法国应在国防、移民、货币等领域同欧洲各国继续紧密合作，以提高法国在欧元区和欧盟的影响力。

政策推行有掣肘，马克龙任重道远

马克龙的经济主张可以用“温和地锐意进取”来形容。应该说，他的大部分政策主张均能得到多数人支持，比较受争议的几个政策，如增加用工弹性、贸易自由等政策也基本是延续已有的政策措施。因此，马克龙的政策不会在民众层面遇到太大的阻力。马克龙要面临的最大挑战很可能来自国民议会。在竞选中，马克龙给法国规划了大规模的经济刺激方案，计划5年内在农业、环保、能源、城市建设、教育等领域支出至少700亿欧元。目前，这些计划已经在国民议会中引起了不小的争论。想要在国民议会通过如此庞大的财政刺激，就需要一个强势的领导人和占有多数席位的党派作为后盾，而这恰恰是马克龙所缺少的。马克龙领导的“前进”运动党是2016年刚成立的党派，在接下来的议会选举中，马克龙所在的党派未必能够占得多数席位。因此，马克龙有可能要面对“联合政府”的局面，即总统和总理在国民议会中分属不同党派，这就给马克龙政策的推行带来了极大的不确定性。

除了政策推行的难度外，新任总统的首要任务是解决国内失业率居高不下的问题。失业率高企是连续困扰了此前8届法国总统的历史性难题。尽管法国具有完备的工业体系，人均GDP超过3.6万美元，但近年来法国的总失业率一直徘徊在10%左右，青年失业率更是高达23.7%——超过了欧元区和欧盟的平均水平，是德国同期青年失业率的 3.5 倍。这也解释了为何在勒庞的支持者中，大约有 40% 是 18~24 岁的青年人。

失业率居高不下反映出法国经济固有的结构性问题：强大的工会力量导致劳工制度日渐僵化，过高的用工成本又限制了法国在欧元区的竞争力；法国的中产阶层和中小企业要支付大量名目繁多的赋税，进一步限制了国内的投资和消费支出；经济结构转型升级缓慢，航空航天、高铁、核能等重工业占比依然较高，新兴产业发展相对不足。除了自身原因，法国经济还受制于复苏缓慢的欧洲经济环境。近年来，欧洲经济复苏乏力，在欧洲一体化和全球化背景下的法国很难独善其身。面对这些问题，法国需要实施一揽子政策来综合应对，而不是“头痛医头，脚痛医脚”。

总统的“诅咒”

——当前韩国政坛震动对韩国资本市场的影响分析[①]

当老大的感觉一定很好，但自古以来，“皇帝”就是个高危行业。耶鲁大学的陈志武教授做过一项研究，发现在中国历史上的600多个皇帝中，有200多个是死于非命，而且大部分是被身边的人害死的。英国剑桥大学曼纽尔·艾斯纳（Manuel Eisner）教授统计了公元600—1800年间的1 513名欧洲皇帝的死亡原因——他们当中非正常死亡的占到了22%，可以肯定是被谋杀的竟然有15%。

民主政治时代，在很多国家，总统取代了皇帝成为国家元首的代表。总统的权力受到各种限制，但风险也大大降低了。不过，总统也不是那么好当的，如韩国的总统。韩国总统似乎受到了“诅咒”——1948年以来，历任韩国总统都遭遇了不同程度的危机。他们有的经历了政变，有的在任上被刺杀，更多的是因为贪腐问题被曝光而引起民愤，可谓无一善终。（如表4–9–1所示）

① 本文写作于2016年12月，作者为何帆、朱鹤、韩国成，首刊于《财经》杂志。

表 4–9–1　1948 年以来历任韩国总统经历

姓名	任期	事件	结局
李承晚	1948—1960	1960 年操纵选举，引起民愤	流亡夏威夷，于 1965 年客死异乡
尹潽善	1960—1962	政变后成为傀儡	辞职
朴正熙	1963—1979	被中央情报部长官射杀	任内死亡
崔圭夏	1979—1980	国军保安司令官全斗焕发动政变，掌握实权	政变 8 个月后被全斗焕取代
全斗焕	1980—1987	被后任者金泳三清算	1996 被判死刑，1997 年改判无期徒刑，金大中上台后获释
卢泰愚	1988—1993	被后任者金泳三清算	1996 年被判 22 年 6 个月，后被金大中特赦
金泳三	1993—1998	其子金贤哲被查贪腐入狱	卸任前三个月支持率仅剩 8%
金大中	1998—2003	次子和三子均因涉嫌受贿被捕	先后 15 次向国民道歉
卢武铉	2003—2008	其妻子和侄女婿均涉嫌受贿	跳崖自杀
李明博	2008—2013	其亲信和兄长均涉嫌受贿被捕	公开向国民道歉，民众支持率仅 18%
朴槿惠	2013—2017	2016 年 10 月被曝出“亲信干政”风波	已先后两次向国民道歉，民众呼吁其下台

现任韩国总统朴槿惠也没有逃过这一“诅咒”。2016 年 10 月爆出的“亲信干政事件”把朴槿惠推向风口浪尖。此次事件会给韩国资本市场带来怎样的影响？为了回答这个问题，我们选择了金大中和李明博两位总统出现信任危机时资本市场的反应作为案例。之所以选择

这两位总统，是因为在这两位总统任期内并没有发生重大国际事件，特别是避开了1997年和2008年的两次重大的国际金融危机。

“亚洲曼德拉”

金大中在上台之前，在韩国国民的心中是民主斗士的象征，被誉为“亚洲曼德拉”。2000年在韩国国内的各种民意调查中，国民对金大中的支持率高达70%。但是随后发生的“亲属贪污事件”使其声望受损。4月11日，曾在1997年总统选举中担任金大中竞选助理的崔圭先语出惊人，称其本人曾以零用钱或者购房资金的名义向金大中的三子金弘杰提供过9亿美元的好处费。4月12日，势力强大的韩国大国家党事务总长李相得、院内总务李在五、政策议长李康斗等巨头举行了记者招待会，要求韩国检察机关对金弘杰进行传唤调查，如发现确有嫌疑，立即进行拘留调查；如有必要，总统也应该接受调查。

随着事件的发酵，总统声望持续下跌，民众谴责声高涨，金大中于2002年5月6日宣布退出其所在执政党——新千年民主党，并向民众公开道歉。2002年5月18日，金弘杰因涉嫌受贿被汉城地方检察院（现首尔地方检察院）逮捕。随后，韩国检察机关又调查发现，亚太集团曾提供给金大中次子金弘业10亿韩元的资金。2002年6月21日，金弘业被检察机关逮捕，并被指控直接或间接从多家企业接受 22.8 亿韩元（约 150 万美元）的贿赂，利用自己的影响力为这些企业谋取不正当的利益，并进行洗钱活动。

2002 年 9 月，韩国反对党大国家党议员向媒体爆出猛料，指责金大中政府通过现代集团将 4 亿美元的秘密资金交给平壤，以确保 2000 年朝韩历史性峰会举行。这一消息的曝光，在韩国引发了一场政治地震，反对党纷纷谴责执政党——新千年民主党，并要求金大中辞职。同年 11 月 8 日，金大中辞去执政党总裁的职务。

总体来看，这一时期的债券市场基本没有受到实质性影响。在这将近半年的政治风波中，韩国债券市场保持着牛市状态，长期利率的变化基本处于下行趋势，仅有几次小波动。韩国 5 年期国债利率从 4 月初的 7.1%一路回落到 9 月底的 5.65%。（如图 4–9–1 所示）

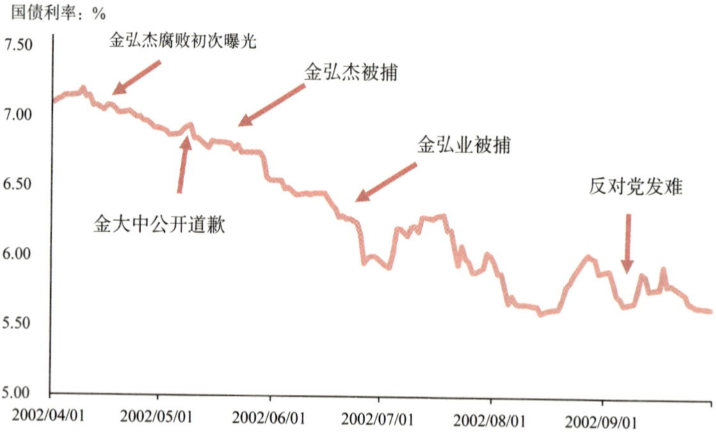

图 4–9–1　5 年期韩国国债利率走势图（2002 年 4 月至 9 月）

在这轮政治风波中，韩元基本处于升值状态。从美元兑韩元1 330 ：1一路上升，最高达到1 165.50 ：1。金弘杰受贿初次曝光后，韩元币值一路上升，其间一连串的政治事件，并没有影响到韩元汇率走势。从2002年7月底，韩元开始贬值，美元兑韩元汇率小幅度上升。（如图4–9–2所示）

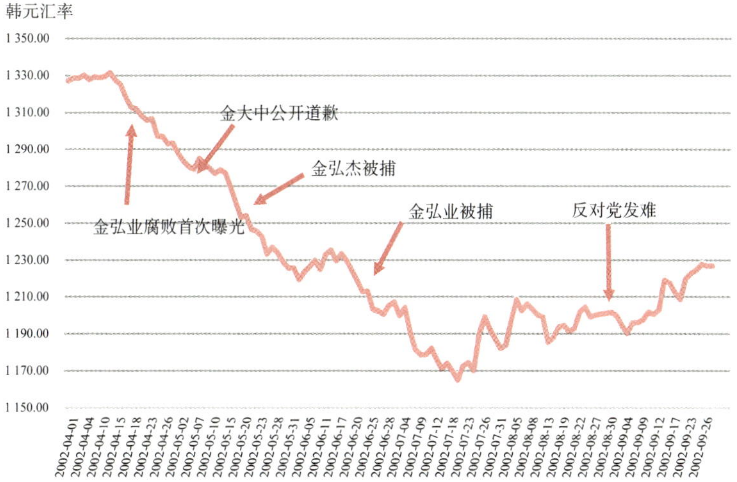

图4–9–2　韩元汇率走势图（2002年4月至9月）

韩国股市在政治风波期间受影响较大。金弘杰受贿初次曝光后，韩国股票指数一改此前持续半年的上涨趋势，掉头向下。一直到2002年9月事件基本平息后，韩国股市才筑底回升。（如图4–9–3所示）

韩国总统李明博在2008年上任之初，曾发誓要当“道德总统”，并曾向社会捐出除一处住宅外的个人全部财产，价值 330 亿韩元。此举博得主流舆论的一片喝彩。但到了 2012 年 5 月 7 日，李明博亲信朴永俊被首尔中央地方法院以“涉嫌收受 1 亿韩元贿赂”之名批准逮捕。2012 年 7 月 10 日，李明博兄长李相得被韩国首尔中央地方法院以涉嫌收受贿赂之名批准逮捕。现任总统之兄被捕并被起诉，这在韩国历史上尚属首次。2012 年 7 月 24 日，李明博发表全国电视讲话，就其兄长和亲信的腐败行为向韩国民众道歉。2012 年 10 月 25 日，李明博之子李时炯接受“私宅门”事件调查。这是由于 2011 年李明博以其子名义购买天价地皮，后被反对党指责逃避“赠与税”。

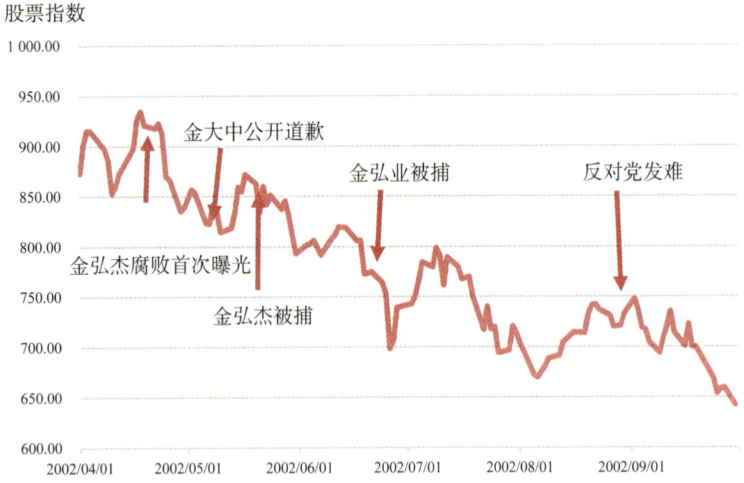

图 4–9–3　韩国股票指数走势图（2002 年 4 月至 9 月）

在此期间，韩国债券市场依然处于牛市，长期利率持续下降。在李明博兄长和亲信被捕之后，利率继续大幅度下降，下降幅度将近 90 个基点。在李明博公开道歉之后，利率市场始终处于低利率区域。（如图 4–9–4 所示）

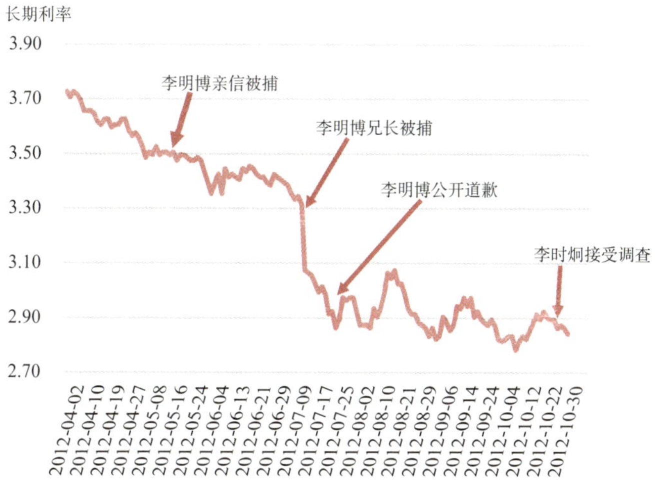

图 4–9–4 韩国长期利率走势图（2012 年 4 月至 10 月）

如图 4–9–2 所示，美元兑韩元汇率在政局动荡期间成倒V形波动，最初受到一定冲击，但并没有被持续影响。2012 年 5 月初，在李明博亲信被捕后，美元兑韩元持续走高，韩元大幅贬值，最低达到 1 185 ： 1。其后汇率逐渐上调，但在李明博兄长被捕后，韩元小幅度贬值。7 月下旬，在李明博公开道歉后，韩元再度升值，一度突破 1 100 大关。

在2012年的政局动荡中，股票市场的表现跟汇率市场相似——前期受到的冲击明显，后期反应平平，整体表现大致呈V形波动。2012年5月初，在李明博亲信被捕后，股指快速下跌，一度跌破1 800点，最低达到1 783点，随后震荡上升。7月10日，李相得被捕，市场再度下挫。在李明博电视公开道歉后，股指才开始反弹。

“屋漏偏逢连夜雨”

政治动荡会影响经济增长。总的来说，政治对经济的影响途径主要是国内和国际两个途径。国内方面，政治动荡会影响企业家的投资信心，同时也会影响居民的消费行为。国际方面，政治动荡会增加不确定性，导致国内投资收益下降，显著影响外商对本国的直接投资规模。同时，政治动荡也通过国内总需求影响进口规模，从而影响整个对外贸易。

目前，韩国经济正处于筑底阶段，且部分关键指标仍在下行。在这个时候爆发朴槿惠总统亲信干政丑闻，对韩国经济来说可谓“屋漏偏逢连夜雨”。

1. 生产状况不佳，制造业远未恢复。2010年以来，韩国GDP增速整体有下滑迹象。韩国的工业生产指数同比增速自2012年起就始终保持低迷。金融危机以来，韩国制造业产能利用率在持续下降，制造业PMI大部分时间都在50以下。

2.物价水平持续低迷。2011年至今，CPI在持续下降，核心CPI基本稳定在2%左右。进入2016年之后，CPI和核心CPI双双掉头向下。2012年6月至今，PPI和核心PPI在绝大部分时间同比负增长——近期虽有回正的迹象，主要原因是基数效应和中国对国际工业品价格的短期拉动，但长期是否能够回正尚难判断。

3.对外贸易继续收缩。金融危机至今，韩国进出口同比增速持续下滑。2016年以来，在基数效应的影响下，韩国进出口同比负增长的情况略有好转，主要体现在化工产品（基数效应）、贵金属制品、纸浆和动物产品等。但是，2016年前三个季度，运输设备、机电产品和精密仪器等主要出口产品的出口状况明显恶化。

4.劳动力市场压力较大，实际工资过高。韩国失业率在危机后表现出先下降后上升的趋势，在2014年以后更是显著上升。与此同时，韩国制造业实际工资不断上涨，侵蚀制造业的竞争力。金融危机并没有中断韩国制造业平均工资的上升趋势，而劳动生产率却受金融危机的影响，不再继续增加，甚至出现了下滑的态势。这两者相结合就导致劳动力的实际工资水平上升，单位劳动力成本快速增加，最终影响韩国制造业的国际竞争力。

警惕可能出现的“踩踏事件”

如果仅仅是从金大中和李明博的案例来看，总统遇到的政治丑闻和信任危机不会对资本市场带来太大的冲击，但这可能是与当时韩国经济仍然处于高速增长时期有关。朴槿惠亲信干政风波在韩国产生如此大的反响，和韩国经济已经进入低速增长时期，各种经济社会矛盾集中爆发是有关系的。例如：韩国的老年人普遍没有充足的退休金准备，一旦退休就有可能陷入贫困；韩国年轻人的失业率居高不下，不满情绪高涨等。

从目前来看，朴槿惠的亲信干政风波远未结束，这一事件对资本市场的影响或许刚刚开始。10 月 24 日，崔顺实干政被曝光，到 28 日，美元兑韩元汇率从 1 131 ∶ 1 上涨到 1 144.9 ∶ 1，一周之内，韩元对美元贬值幅度达到 1.23%。如果该事件持续发酵，再加上美元持续走强，韩元将面临持续的贬值压力。目前，韩国的外债总额为 3 917 亿美元，其中短期外债为 1 067 亿美元，约占总额的 27.2%。2016 年第二季度，韩国 GDP 现价总量为 406.7 万亿韩元，按照 11 月 18 日美元兑韩元的汇率换算（1 183 ∶ 1），折合美元约 3 437.8 亿。据此，可以大致估算出，2016 年韩国全年 GDP 约为 1.4 万亿美元，外债与 GDP 的比率约为 30%，而亚洲金融危机前韩国外债总额与 GDP 之比大约为 31.5%。如果韩元再出现比较大的贬值幅度，可能会在短期内增加韩国的外债偿还压力，并引发流动性风险。

近期韩国可谓处于多事之秋，我们应该关注的不仅仅是朴槿惠亲信干政事件本身，还要关注是否会出现共振，以及是否会带来更大的冲击。如果没有出现共振，仅仅是朴槿惠亲信干政事件，对资本市场的冲击不会很大，更多地会影响韩国政坛的政治洗牌；如果多重因素叠加，或许会导致韩国资本市场出现“踩踏事件”。

一是萨德事件对中韩关系造成了损害，影响中韩双边贸易。虽未有官方确认但广泛流传的“限韩令”，可以算是对韩国方面的回应。这些因素对中韩双边商品贸易和服务的影响正在逐渐显现。二是三星（Note7 爆炸）、现代（员工大罢工）、韩进（破产）等一批韩国超大型企业接连出问题，对韩国企业家及外国投资者对韩国经济的信心造成了严重影响。三是特朗普上台后，美国在朝核问题上的立场有可能有所变化。一旦特朗普突然抛出一些出人意料的言论，朝核危机出现意想不到的变数，韩国将首当其冲。

后记

经过大半年的努力，这本《新时代与新格局》终于付梓。这本书记录了我们团队过去一年多时间里对一些宏观经济和国际经济格局的主要看法和分析框架。时隔一年，某些看似时效性强的文章，确实又得到了新的验证。例如，我们对英国脱欧的连锁效应分析、意大利债务问题和十三五期间发展大势的看法，基本都得到了实践的验证。当市场传出政府要重启“债转股”作为降杠杆的手段时，我们旗帜鲜明地提出反对意见。

当然，有的分析结论跟实际的走势并不相符。这其实很正常。影响最终结果的因素有很多，我们的逻辑框架不可能面面俱到。我的老师余永定教给我，分析结论是否正确很重要，但分析逻辑的正确性更重要。比起结论是否得到验证，我们更看重分析逻辑是否严密，是否还有待提高。这一点也非常欢迎各位朋友交流指正。还有部分研究尚未得到验证，留待今后翻阅。总之，本书的出版不仅是对成果的整理和汇报，也是有立此存照的心意在其中。

同时，这本书还是我们团队中各位年轻人学习成长的见证。这本书里收录的研究基本都是我带着我的学生朱鹤完成的。朱鹤是我在社科院指导的博士生，从博士刚入学就跟我一起辗转创业。这个过程中，我明显看到朱鹤研究能力的进步，更体会到教学相长的乐趣。我在北京大学汇丰商学院、中国社会科学院研究生院、中国对外经济贸易大学、中央财经大学等高校指导的硕士研究生们也都参与了部分研究。特别是北大汇丰商学院的陶宏伟同学，他不仅积极主动地参与我们的研究，给我们提供了很大帮助，同时还会热心帮助低年级的同学，帮他们尽快熟悉研究工作。我在此对这些优秀的年轻人一并表示感谢。

我要衷心感谢中信出版集团副总编辑、商业社社长沈家乐和商业社主编黄维益对本书的大力支持。特别是黄维益老师对书稿的编排提出了非常及时且中肯的修改意见，大大提高了本书的出版效率。感谢编辑李嘉琪在本书的定稿过程中付出的努力，在她的帮助下，我们团队得以高效地完成一系列修改和完善工作。感谢我的同事杨超老师和陶宏伟同学，他们帮助我完成了第一遍校对，并提出了许多宝贵意见。

最后，再次感谢各界朋友对我们团队的信任和支持！

何帆博士团队成员简介

叶芊林

北大汇丰海上丝路研究中心青年研究员。英属哥伦比亚大学经济学硕士，本科就读于中国人民大学经济学院。

陶宏伟

北大汇丰海上丝路研究中心研究助理。北京大学汇丰商学院2016级金融硕士在读，本科就读于南开大学金融学院。

乔璐雅

北大汇丰海上丝路研究中心研究助理。对外经济贸易大学金融硕士。

韩国成

北大汇丰海上丝路研究中心研究助理。对外经贸大学金融硕士在读，研究方向为普惠金融，曾在大公国际信用评级有限公司实习。

叶子韵

北大汇丰海上丝路研究中心研究助理。本科在中央财经大学学习金融工程专业，目前就读于中国社会科学院研究生院。

于澜

北大汇丰海上丝路研究中心研究助理。本科就读于山东大学，目前于对外经济贸易大学金融学院攻读金融硕士。

张骞

北大汇丰海上丝路研究中心研究助理。中国社会科学院欧洲研究所世界经济专业硕士毕业。

顾希维

北大汇丰海上丝路研究中心研究助理。北京大学汇丰商学院2017级财经传媒硕士研究生，本科就读于对外经济贸易大学。

余乐

北大汇丰海上丝路研究中心研究助理。武汉大学经济学学士，北京大学汇丰商学院金融硕士在读。

郑黄剑锋

北大汇丰海上丝路研究中心研究助理。本科毕业于武汉大学数理经济与数理金融试验班，现就读于北京大学汇丰商学院。

王婷

北大汇丰海上丝路研究中心研究助理。本科毕业于中山大学，现为北京大学汇丰商学院数量金融专业研究生。

邓姝阳

北大汇丰海上丝路研究中心研究助理。北大汇丰商学院数量金融专业硕士在读，本科毕业于南开大学。